光文社知恵の森文庫

下川裕治

新版「生きづらい日本人」を捨てる

光文社

本書は『「生きづらい日本人」を捨てる』（二〇一二年、光文社新書）を加筆修正の上、『日本を降りる若者たち』（二〇〇七年、講談社現代新書）、『「生き場」を探す日本人』（二〇一一年、平凡社新書）の一部を収録し、再編集したものです。

新版「生きづらい日本人」を捨てる――目次

第1話　外こもり◆タイ・バンコク

第2話 儲け◇カンボジア・シェムリアップ

第5話 梁山泊 タイ・バンコク

第6話 詐欺◇カンボジア・コンポンチャム

第7話 結婚 ◇ベトナム・ホーチミンシティ

第8話　ホームレス◇タイ・チェンマイ

東京
日本
台北
台湾
香港

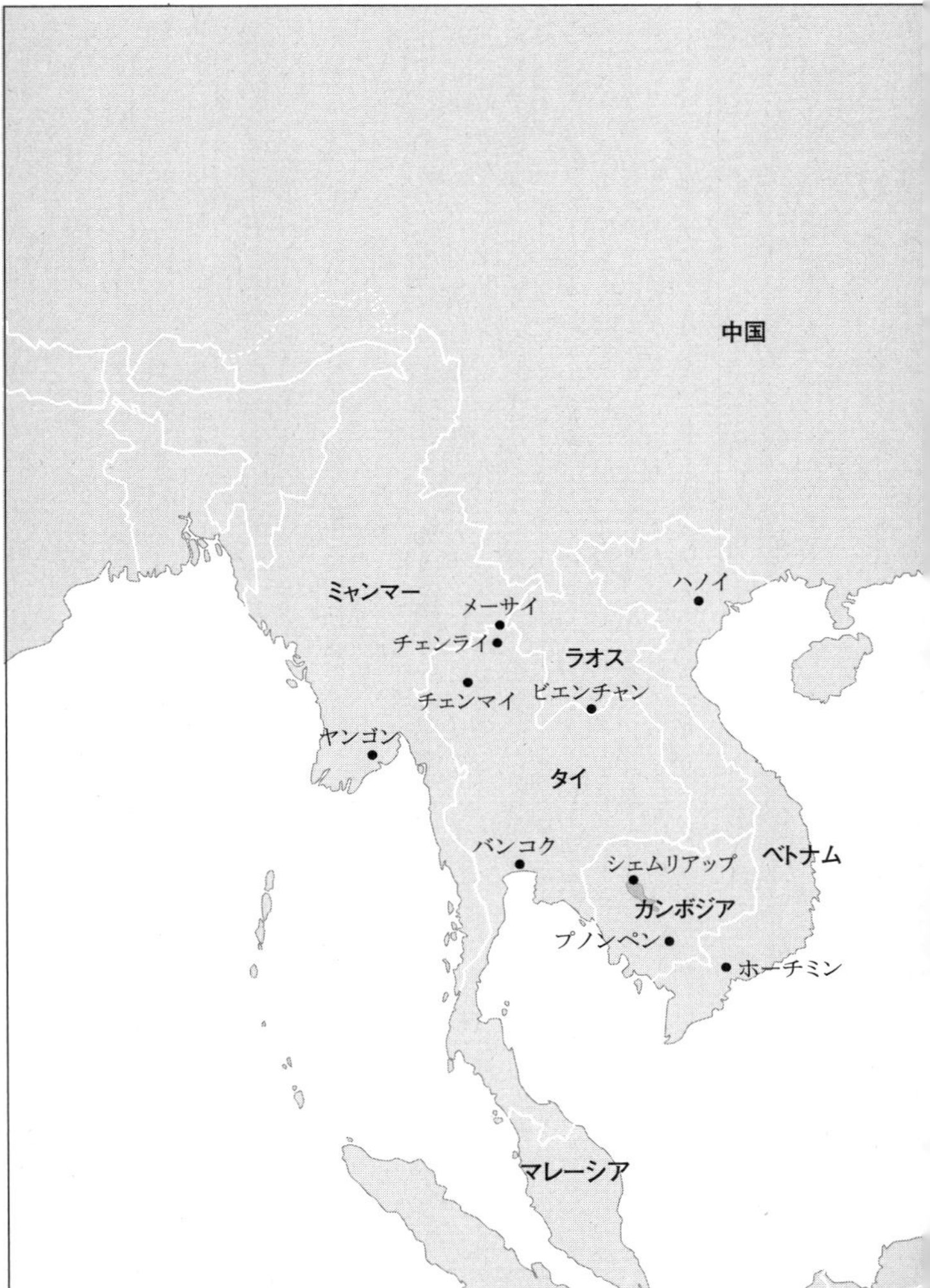

中国
ミャンマー
メーサイ
チェンライ
ハノイ
ラオス
チェンマイ
ビエンチャン
ヤンゴン
タイ
バンコク
シェムリアップ
ベトナム
カンボジア
プノンペン
ホーチミン
マレーシア

本文写真――著者
本文デザイン――こやまたかこ

BANGKOK
THAILAND

第1話
外こもり
◈タイ・バンコク

▼バンコクの「外こもり」

カオサン通りから一本の路地を入っていくと、そこにちょっとした中庭のような広場が出現する。そう聞いて、ヨーロッパのパティオを想像してもらっては困る。ここはバンコクなのである。周囲には四、五階建ての煤《すす》けた小さなビルが並んでいる。その窓には泥棒よけの鉄格子がはめられ、渡した針金には洗濯物が吊るされている。この何軒かはゲストハウスになっている。もっとも一階部分は、バーや旅行会社などに貸し、二階以上をゲストハウスにしているところも多い。

この原稿を書いた二〇〇六年当時、カオサンでは、冷房やお湯のシャワーといった設備を整え、個室を用意するゲストハウスが増えていた。一泊四百バーツから五百バーツ、日本円にすると、当時のレートで千二百円から千五百円の宿である。カオサンも土地代があがり、安宿では採算がとれなくなってきているらしい。

しかし路地を入ったこの一画だけは、昔からの安宿が営業を続けていた。日本人が多いことでもカオサンのなかでは知られたエリアだった。以前、ここに「フレンドリー」というゲストハウスがあった。そう、たしかそういう名前だった。ドミトリー型の安宿で、なぜかはわからないが、そのベッドは日本人で埋まっていた。客の大半が日本人という安宿を、海外では日本人宿というが、カオサンのなかではそのひとつがフレンドリーだったのである。それ以来だろうか。この一画は日本人が多い一帯になっていた。

今回、このエリアに入ってみると、フレンドリーの場所はスヌーカー（玉突き）の店になっていた。入口の柱の上には「フレンド」という名前が貼りつけてあった。

「経営者が代わったんです。いま、泊まっている人は多くありませんけど」

そう教えてくれたのはフクちゃんだった。

フレンドリー時代はそれなりに繁盛していた気がする。代わった経営者は同じ名前を使うわけにはいかないが、「フレンドという名前なら、フレンドリーだと思って泊まる日本人もいるかもしれない」といかにもタイ人らしい安易な発想で名前をつけたのだろう。しかしそういうセコい発想が嫌われたのか、この宿はゲストハウスとしては廃《すた》れていってしまった。

日本人たちはカオサンのなかの別の場所に移っていったのかというと、そんなことはなかった。フレンドの入口を出て五歩ほどの向かいのゲストハウスや、そこからさらに五歩先の隣のゲストハウスと、まるでアメーバのように移動しただけのことだった。結局はこの界隈が、日本人が多いゲストハウス街であることに変わりはなかった。カンボジアやラオス、ベトナムなど近隣国を旅した若者は、とりあえずこの界隈にやってくれば、その晩のベッドは確保することができた。

フクちゃんは、フレンドの隣にある旅行代理店を手伝っていた。ついでに、このエリアにやってくる日本人旅行者の無料相談窓口のような役割を担っていた。

「フクちゃん、カンボジアのシェムリアップに行くんだけど、予約のとれるゲストハウスはあるかな」

「空港に行くバスは何時にあるの？」

彼は、この界隈では頼りにされているようだった。

僕はそれから毎日、フクちゃんとビールを飲むようになった。

彼が手伝う店が終わるのは夜の十一時だった。旅行代理店としての仕事はもっと早く終わるのだが、店の入口には二台の冷蔵庫が置かれ、コーラやビールも売っていた。冷蔵庫のドアをチェーン式の鍵で留め、上からビニールカバーをかけることが、フクちゃんのその日最後の仕事だった。

僕はフクちゃんの店の前のベンチに座り、ビールを飲みながら、ぼんやりとフクちゃんを待つことが多かった。

周囲にはドミトリー宿が多いから、そこに泊まる日本人たちは夜になっても、宿の前の中庭でだらだらしていた。宿に入ってもベッドひとつ分のスペースしかないのだから、どうしても外にいる時間が長くなる。

遊び相手はこのあたりに住むタイ人の子供たちだった。ひとりの日本人が、どこでみつけたのかヌンチャクを手にしていた。木製の部分にスポンジが巻かれた練習用だった。その使い方を五、六歳のタイ人の男の子に教えている。遊びに言葉はいらないのだ。そのうちに子供は体の横でヌンチャクをまわすことができるようになり、即興のヌンチャクショーがはじまった。

ベンチに座る暇な日本人旅行者が観客である。男の子があっという間にヌンチャクをまわすと、狭い中庭に拍手が起こる。そこに広がる光景は、昭和三十年代の日本の路地裏のようだった。周囲にはタイ人の家庭があり、生活がある。その一部を日本人の旅行者が間借りしているような世界だった。

フクちゃんとしばしば会ったのは、彼が「外こもり」のひとりだったからだ。

いや、彼を外こもりというのは失礼かもしれない。別にバンコクのカオサンでこもっているわけではなく、自らブログで情報を発信したり、日本人旅行者の相談に乗ったりしている。しかしバンコクで生活できるほどの収入があるわけではない。基本的には日本で稼いで、その資金でカオサンで暮らすというスタイルをとっている。

外こもりというスタイルに、厳密な定義があるわけではない。しかしその暮らしを見たとき、日本で一気に稼ぎ、その金が尽きるまで海外で暮らすという形はひとつの典型でもある。そこにフクちゃんはあてはまった。

「はじめてバンコクに来たのは、普通の旅行だったんです。シンガポール経由の飛行機で、バンコクではインターコンチネンタルに泊まって……。カオサンに足を踏み入れたのは二度目に来たとき。カオサンにある日本料理屋の『竹亭』(二〇一七年閉店)でもご飯を食べたなぁ。それが二〇〇二年のこと。そのとき、日本で一時期集中的に働いて、その資金でバンコクでなにもせずに暮らすっていうスタイルを知ったんですよ」

それから二年後、フクちゃんはバンコクのカオサンにやってきた。そのときは約一年一カ月バンコクに滞在していた。外こもり生活に入ったというわけだ。

カオサンでの外こもりスタイルは、ただなにもせず、安いゲストハウスでだらだらすごすことだが、一年一カ月の間、どこへも行かずにカオサンで暮らすことができるわけではない。そこにはタイという国のルールがある。ビザをとらずにタイに渡った

バンコクに行けばなにかある。彼らはさまざまな思いを胸に、この街の空港に降り立つ

バンコク経済圏の人口は1000万人以上といわれる（市内のサムセン駅）

場合、一カ月の滞在が許される。その滞在期間が切れる前に一度、タイを出国しなければならない。どこの国でもよく、日本に帰国してもいいのだが、外こもりの若者は、タイから出国して戻るまでの費用を抑えたいから、できるだけ近い外国に出ることになる。バンコクにいる場合、一般的にはカンボジアになる。それも首都のプノンペンではなく、タイとカンボジアの国境。タイ側のアランヤプラテートまで行き、そこから陸路でカンボジアに入り、再びタイに戻ってくる。原理的にいうと、一歩でも国外に出、入国してくれば再び一カ月の滞在許可がでるわけだ。これを繰り返していけば、いつまでもタイにいることができる。

もっとも最近では、そんな外国人への滞在ルールも変わってきた。タイという国にたいした金も落とさず、経済や観光に貢献するわけではない外国人が長く滞在していては困るという理由である。その後、〈ビザのない外国人は六カ月間のうち、三カ月以上タイに滞在してはいけない〉、〈陸路入国は二回まで〉といった通達が出されていく。外こもり滞在にもしだいに制限が加えられてきているのだ。

しかしフクちゃんが、カオサンに長く滞在する目的でやってきたときは、そんな問題はなかった。ビザをとらなくても、月1回のカンボジア出国をくりかえせば、資金がなくなるまで滞在することができたのだ。

「それしか選択肢がなかった」

長く滞在することを目的にタイのバンコクにやってきたときのことをフクちゃんはそう語った。

「それしか選択肢がない……」

フクちゃんと話をしながら、いつもその言葉が引っかかっていた。

▼日本社会での妬み

フクちゃんは専門学校を卒業した。その頃の就職状況は悪くはなく、学生が選ぶことができた。フクちゃんは四、五社の採用試験を受け、ある食品製造会社に就職した。学生時代から、工場や倉庫でアルバイトを続けていたという。メーカーには馴染《なじ》みがあったのだろう。

期待された人材でもあった。一九九〇年代の前半である。当時、企業は、さまざまな面でコンピュータ管理を推し進めていた。経理、在庫管理などの分野でソフトが開発され、試行錯誤もつづいていた。フクちゃんは、もともとコンピュータが得意だった。それを見込まれての採用だったのかもしれない。

「でも、その会社で、同僚の妬《ねた》みに晒《さら》されてしまったんです。『コンピュータが少しわかるから、おまえはすごいよな』といった口調でね。結局、二年で会社を辞めました。会社も引き止めませんでしたから」

フクちゃんと話していると、そのあたりがちょっとわかる気がする。妬みを買いやすい性格というのだろうか。

あれはなんの話をしていたときだろうか。そう、バンコクで会社をつくり、就労ビザをとるという話題だった。このビザをとれば働かなくてはいけないが、ビザの更新のために海外に出る必要もなかった。ビザの取得が厳しくなってくれば、当然、話題にのぼる滞在術だった。しかし、そこにはかなりの投資が必要だ。僕が「会社を興すには、六百万円ぐらいかかるんじゃないの」というと、フクちゃんは少し強い口調でこういうのだった。

「違いますッ」

フクちゃんの説明では、もっと安い資本で日本人も会社をつくることができるのだという。そして次々と事例を説明してくれる。彼は、こちらが頭が下がるほどの知識をもっている。おそらく、フクちゃんのいうことは正しいのだ。

フクちゃんがなにも悪いわけではない。しかしそのいい方がきつい。相手の話を受けて、しばらく間を置き、やんわりと否定していくような会話術がない。ゲストハウスの前で暇をもてあますような会話なら、さして頭にも来ないが、これが仕事となるとそうはいかないだろう。生意気にも映るかもしれないし、社内でも浮いてしまうだろう。

あの時期、日本のオフィスにはパソコン便利屋のような若者がいた。いまの会社ではほとんどの人がパソコンを使いこなし、わからないことも少なくなってきている。しかし、ようやくデスクに大きなデスクトップ式のパソコンが載せられた頃は、トラブルの連続だった。「どうして動かなくなっちゃうの」、「間違って消しちゃったんだけど、どこかに保存されていないの」、「プリンターの文字が変なんだけど」。そんな会話がオフィスを飛び交っていた。そんなとき、まるでパソコンなんでも屋のように声がかかる青年がいたものだった。

僕はその頃、旅行誌を編集する事務所に籍を置いていた。印刷所とのつきあいも、それまでの写植というものからコンピュータに変わり、事務所にもコンピュータが入ってきた。しかし少しでも応用しようとすると、たちまちわからなくなってしまった。事務所のひとりが、「やたらコンピュータに詳しい青年がいる」とひとりの学生

K君を連れてきた。早稲田大学の四年生で、その年は就職がうまくいかず、もう一年大学にいるので時間はたっぷりあるということだった。僕らは渡りに船と、彼に働いてもらうことにした。

たしかになかなかの知識だった。こちらの疑問やトラブルのいくつかは解決されていったが、コンピュータというものは、ひとつのトラブルが解決されると、また次の難問が生まれてきてしまうものだった。そのうちに彼が悩むことが多くなった。しかしK君は頑固だった。ときにはその解決のために、朝までモニターに向かっていたこともあった。そんなに根を詰めなくてもとは思ったが、彼はそれが自分に与えられた責務であるかのように、キーボードを叩きつづけていた。

そのうちに、彼は印刷会社の営業マンと衝突するようになった。僕らがつくったテキストと呼ばれる原稿は印刷所に送られ、紙に印刷されていくのだが、こちらの意図したように印刷されなかったり、送ったデータが読みとれなかったりすることもあった。当時は印刷会社のスタッフも手探り状態で、なぜデータが読みとれないか……というトラブルを前に、満足な答えが得られないことも多かった。

「そんなこともわからないんですか」

二十歳そこそこの学生が、四十歳近い営業マンにきつい言葉を浴びせた。それは傍《はた》で聞いていてもはらはらするほどだった。

一度、そんな対応をめぐってK君と話をしたことがある。しかし彼は頑《がん》として受け付けなかった。彼のいっていることは正しかったが、皆が手探りでコンピュータというものを扱っている以上、それは致し方ないことではないか……。僕らがそう諭しても彼は、

「印刷会社の勉強不足ですよ」

と繰り返すだけだった。

フクちゃんと話していると、ふとK君を思い出した。よく似たタイプだった。社会に出れば、自分の思うようにいかないことは多い。若いときはそれをなかなか受け入れられないのかもしれないが、人と人が関わって仕事をしていく以上、呑《の》み込まなければいけないこともある。あまりにうまく状況に溶け込むと、あいつは世渡りがうますぎると、また冷たい視線に晒されるのかもしれないが、そこで我を通しても、結局ははじかれてしまうのだ。

K君は半年ほどいてくれただろうか。しかし結局、編集部を辞めていった。こちらからなにをいったわけではなかったが、彼のほうから「ちゃんと就職活動をはじめる」といい、事務所を辞めていった。彼の知識があれば、どこかの会社が受け入れて

くれるのかもしれないが、またそこでぶつかることも目に見えていた。

▼三十代をゆっくり生きたい

フクちゃんもいくつかの会社を渡り歩いていった。だいたい二年周期で転職していったという。その間に、なにがあったのかは知らない。

なぜ、日本で働いた金でタイのバンコクで暮らす生活を選んだのかと訊《き》いたとき、フクちゃんはこういった。

「皆、三十代はあっという間にすぎてしまうっていうじゃないですか。時間が流れるのが早くなるって。だったら、三十代をゆっくり生きてみようって思ったんですよ」

彼と話していると、それが後でとってつけたようなバンコク外こもりの理由のように聞こえてくる。フクちゃんは東京という街からはじき出されてしまったのではないかと思うのだ。いや、東京というステージからひとり降りたのか……。

あれはどんな話をしていたときだったろうか。話が東京に及んだとき、フクちゃんの顔つきがちょっと変わったように思えた。

「東京は二度と行きたくない」

その語気の強さに一瞬戸惑った。フクちゃんは東京で育った。東京で十年ほど働いた。その間に、東京はそれほどまでに忌み嫌う土地になってしまっていた。

当時勤めていた運送会社を辞めてから、二週間後にはバンコクにいた。フクちゃんにはどこか、日本に帰るつもりがないようなところがあった。それから一年近く、フクちゃんはバンコクで暮らす。事情は後述するが、やがてフクちゃんは日本に帰らなければならない状況に追い込まれる。しかしそのときも、東京に向かうことはなかった。

「飛行機はバンコク発券の名古屋往復にしました。名古屋に着いて一泊して、翌朝、派遣会社のオフィスに出向いて。そこで登録するとだいたいすぐに仕事がみつかるんです。車関係の下請け部品工場。金を貯めるポイントは住み込みにすること。月給は二十万円ぐらいで、いろいろ引かれて手どりは十四、五万円ってとこです。いつまでって目標を決めると仕事がつらくなるんで、あまり考えないことにしてるんですけど。だいたい七十万円。それが貯まったらバンコクに戻るんです。そう、名古屋から」

工場には日系ブラジル人やベトナム人など外国人も多かった。フクちゃんにとって、東京はひとつのトラウマなのだろう。東京というより会社という組織かもしれない。名古屋にしても、同じ日本なのだから、オフィスワークに派遣されればフクちゃんは拒絶反応を示してしまうのかもしれない。しかし外国人も多く、言葉も満足に通じない工場に入って、やっと彼は東京というトラウマから逃げることができるようだった。

外こもり組の多くが、日本に帰ることなく海外で暮らすことを願っている。しかし、金がなかったら生活もままならない。かといって海外で働くわけではないから、海外ではできるだけ節約して暮らす。フクちゃんにしても、安宿に泊まり、食事のほとんどは、手伝っている旅行会社の人につくってもらっている。店を手伝ったお礼といえば聞こえはいいが、その構図は、貧しい日本人をタイ人が養っているようにも映る。そういうとフクちゃんは否定するだろうが。

一度、フクちゃんを訪ねると、店先でぶっかけ飯を頬張っているところだった。皿に盛られたご飯の上に、なんだかよくわからないおかずが載せられている。ちゃんとしたテーブルもなく、店先で立ったまま食べている姿を見たとき、鼻の奥が少し熱くなった。一日の出費を訊くと、

「二百バーツ以下かな」

と、フクちゃんはちょっと得意げに答えた。そのうち半分近くは宿代で消える。毎日使う金は百バーツ、当時のレートで三百円にも満たないのだ。いくら物価の安いバンコクでもかなりの節約ぶりである。タイ人の学生でも、財布のなかには五百バーツや千バーツが入っているのが当時のバンコクだった。しかしフクちゃんはそこまでして出費を抑え、バンコクの滞在期間を延ばそうとしていた。

一度、フクちゃんの仕事が終わってから、スクムヴィット通りの店で飯を食うことになった。フクちゃんと僕は、いつも話をする路地裏を抜け出し、カオサン通りを横切り、王宮前広場からのびるラーチャダムヌンクラン通りに出た。時刻は夜の十一時近い。この時間帯になるとバスも少なくなる。

「タクシーで行かない?」

僕は声をかけた。

「バンコクではめったにタクシーは乗らないから。この時間でも二番のバスならかなり来ますよ」

僕らは結局、ひとり八バーツの冷房のないバスに乗ってスクムヴィット通りに向かった。それがフクちゃんの暮らしだった。

だがバンコクで一年近く暮らし、日本に帰った理由は、手持ちの金が底をついたからではなかった。フクちゃんは捕まってしまったのだ。

バンコクのカオサンで暮らしはじめたフクちゃんは、三回ほど国外に出て滞在資格を延長していたが、途中からそれが面倒になったのか、不法滞在になっていた。当時のフクちゃんは、不法滞在を軽く見ていた節がある。タイの出国管理は甘いところがあるから、日本に帰るとき、罰金を払えばいい程度に考えていた気がする。

バンコクに暮らしはじめて一年ほどが経ったその日、フクちゃんが手伝っている旅行会社にふたりの男が現れた。タイ人から通報を受けた私服の刑事だった。フクちゃんはその場で捕まり、車に乗せられてサトーン通りからスアンプルー通りに入ったところにある出入国管理局に連行されてしまったのだ。

タイにはフクちゃんに限らず、不法滞在になっている日本人が少なからずいる。彼らもときどき捕まっているが、そのきっかけの多くが、フクちゃんと同じようなタイ人からの通報である。そういうと、タイ人は外国人の不法滞在を常に監視している人々のように思うかもしれないが、実際にはそんなことはなにもない。日本人より寛容だと思っていい。しかしその外国人が、自分の商売敵となると顔つきが変わってくる。悪知恵の回路が急に繋《つな》がってしまうのだ。フクちゃんがカオサンのある旅行会社を手伝っていたことはお話しした。通報したのは、この旅行会社に日本人客をとられたと思った近くの旅行会社の社長だった。つまりは告げ口なのである。

タイでの不法滞在は通常、罰金で処理される。一日目は罰金はなく、二日目から一日五百バーツで換算される。フクちゃんのように六カ月ともなると、相当な金額になるのだが、そこには上限も設けられている。二万バーツ、日本円にすると当時のレートで六万円ほどである。日数に換算すると四十日になる。つまりそれ以上なら、いくら不法滞在の日数が増えても罰金の額に変わりはないわけだ。

しかしこれは、自ら出頭した場合で、フクちゃんのように出入国管理局に連行されてしまうと話が変わってくる。多くの人がそこで収監されてしまうのだ。そして簡易裁判を受けることになる。罰金はそこで軽減される。フクちゃんの場合、二千バーツになった。その罰金を払えば日本に帰ることができるのだが、フクちゃんはそれも拒否した。そうなると禁錮刑になってしまう。フクちゃんの場合は、一日が二百バーツに換算されたようで、つまり十日間拘置されて日本に帰ることになる。収監されたのは雑居房だったという。食事は一日三回、雑居房のなかにはテレビもあったという。

その様子はフクちゃんのブログのなかで情報として紹介されている。しかしこれを書いたのは、日本で働き、再びタイに戻ってきてからだった。周囲は「捕まるとどうなるのか体験してみたかったらしい」などと噂しているが、捕まったときはかなり動揺していたようだった。彼にはどこかタイに移住しているような意識があったのかもしれないが、バンコク暮らしはそれほど甘くはなかったのだ。

鼻白むような帰国だった。航空券は手伝っていた旅行会社に届けてもらったが、その目的地は前述したように東京ではなく、名古屋だった。

出入国管理局に捕まったことで、フクちゃんは腹が据わったような気もする。バンコクの外こもり組のなかでも、ここまで体験した日本人はあまりいない。名古屋である程度の金を貯めたフクちゃんは、再びバンコクに向かう飛行機に乗ったが、不安がないわけではなかった。出入国管理局に捕まり、強制退去になった記録はパスポートに残っている。バンコクの空港で入国を拒否される可能性すらあった。祈るような気持ちでイミグレーションの列に並んだのだろうか。タイしか行き場のない彼の前で、イミグレーションの職員はなんの疑問もないような顔つきで入国スタンプを捺《お》してくれたのだった。

やはり僕は気になっていた。フクちゃんはバンコクの暮らしに満足しているわけでもないようだった。楽しいのは夜、ひと缶のビールを飲むことぐらいだと、ぽそっといったことがあった。

僕らは夜、フクちゃんが手伝っている店の周りでビールを飲んだ。といっても店に入って飲んでいたのではない。路地に沿った段差や、いまは休業しているゲストハウスの前に勝手に座り、近くの店から買ってきたビールの栓を開けた。フクちゃんは座る場所にうるさかった。

「この店はできた頃協力してあげたのに、その後、客じゃない人が店の前に座ると文句をいうようになっちゃったんです」

原因は些細《ささい》なことだったが、フクちゃんはそれにこだわるのだった。カオサンという狭いエリアなのだから、皆、譲り合わなくちゃいけないというフクちゃんの論理なのだろうが、店にしたら営業妨害にも映ってしまう。そのあたりのかねあいが、フクちゃんは下手だった。カオサンはバンコクにあるが、この一画だけは日本人が多い。フクちゃんは日本人とのつきあいがやはりぎこちなかった。

日本人が多い場所だったが、そこでゲストハウスを経営しているのはタイ人だった。この界隈は狭い土地に建つ四階建て、五階建てといった建物が多かった。そのうちの一部をゲストハウスにして、経営者の家族が住んでいるところも何軒かあった。その階からは煮炊きする匂いが漂い、窓辺には洗濯物が揺れていた。路地ではその家の子供が遊んでいた。カオサンというと、外国人エリアのように思うかもしれないが、そこにはタイの下町も混在していたのだ。

暇な旅行者たちは、暑さが和らいでくる夕暮れどき、路地でタイ人の子供たちとよく遊んでいた。そんな光景をぼんやり眺めていると、どこか日本以上に人と人が繋がった世界にも映ってしまうのだ。旅行者としてこの街にやってきた日本人のなかには、ひとり暮らしの若者も多いだろう。アルバイトや仕事に明け暮れる毎日のなかで、どれだけの若者が夕暮れどき、近所の子供と遊んでいるだろうか。日本ではそんな光景もすっかりなくなってしまった。核家族化と少子化が進んだ社会では、家族の形も変わってきてしまっている。

タイにやってきた若者たちは、バンコクのカオサンという街で家族に出会っているのではないか……そんな気にもなってしまうのだ。それは擬似的な体験にすぎず、それだからこそ、家族遊びのようなものができるのかもしれなかった。フクちゃんも、この路地裏に暮らすタイ人の子供たちと仲がよかった。まるで弟や妹のように遊んでいる。

「フクちゃん、お父さんとは連絡をとってるの?」

何本目かのビールを飲みながら訊いてみた。

「連絡を絶ってます」

「……?」

「このまえ名古屋の工場で働いていたときも一回も連絡しませんでした。日本に帰っていたことを知らないはずです。名古屋は死んだおふくろに縁がある土地なんです。名古屋の工場で働いたことは、その供養の意味もあったんです」

フクちゃんはそういっただけで、話題をそらしてしまった。これ以上、この話に触れてほしくはないといいたげな表情だった。どこか意固地になっているようにも思えたが、それがフクちゃんを支えているなにかなのかもしれない。

「十年近く日本で働いた金で、カオサンで暮らしていた友だちが結婚したんです。四十歳だったんですけど。もう子供もできた。僕も四十歳ぐらいまでこの生活、続けてもいいかなって思ってるんです」

フクちゃんは、タイで働かずに長期滞在するテクニックなどを書いたブログを発信していた。毎朝九時ぐらいから二時間は、インターネットカフェでパソコンに向かう。一週間のページビューは七百件ほどだという。

▼派遣社員

フクちゃんを含めた外こもりの若者たちの姿を、一冊の本にまとめた。『日本を降りる若者たち』(講談社現代新書)である。出版されたのは二〇〇七年だった。

その後、日本の労働環境はずいぶん変わっていった。リーマンショックをきっかけに、日本の景気はさらに悪化していった。その後、〝派遣切り〟という言葉まで登場した。企業の業積はさらに下降線を辿り、それまで雇っていた派遣社員を手離す会社が多くなった。

そもそも、派遣という制度はそういうものだった。景気の後退という煽《あお》りを受け、仕事が少なくなっても、正社員はそう簡単に辞めさせることができなかった。しかし派遣社員なら、契約が切れた時点で採用をやめることができた。派遣という制度は、企業にとってのバッファー、つまり緩衝材的な要素を含んでいた。

外こもりの若者たちが、日本に一時帰国し、働く手段のひとつが、この派遣だった。人材派遣会社に登録すれば、比較的簡単に、工場での働き口がみつかった。しかしその方法が難しくなってきた。彼らは、日本に帰って働こうにも、その働き口を探すことすらできなくなっていった。

フクちゃんもそうだった。かつては名古屋の部品工場で働き、七十万円ほど貯めた。その金を少しずつ使いながらバンコクで暮らしていたのだが、しだいにその金も底をつきはじめる。かといって、日本に帰っても仕事がない。やがてカオサンのゲストハウスも追いだされ、かつて手伝っていた旅行会社の店先で寝るまでになっていった。路上生活まで堕《お》ちてしまったのだ。

その暮らしぶりが、テレビのドキュメンタリー番組になった。その橋渡しをしたのは僕だった。取材を受けるか受けないかの判断は、フクちゃんに任せた。ドキュメンタリー番組だから、出演料という形は望めなかったが、謝礼程度でもフクちゃんにはありがたいはずだった。

迷いがなかったといえば嘘になる。彼を本で紹介することと、彼がテレビの画面に登場することではインパクトが違う。テレビの話を彼に伝えていいものだろうか。

本が出た後、新聞社や出版社、テレビ局からの取材を何件も受けた。そう、二、三十件にはなっただろうか。外こもりの話を聞いた後、本人たちからも話を聞きたいという流れになることが多かった。

「どうやって聞くんです？」

「電話取材をさせてもらえれば」

その仲立ちは難しかった。自分の生活を得意げにすらすらと語ることができたら、外こもりなどするわけがなかった。外こもり派は「引きこもり」に近い因子をもった人が多かった。東南アジアで引きこもるために、短期間、日本で働くわけで、もし働かなくても金があれば、いつまでも海外にいるはずだった。そんな生き方に負い目はあるわけで、マスコミの前で堂々と話すことなどできなかった。そもそも、彼らの多くは、電話連絡がとれなかった。携帯電話を買う金も節約していた。外とのつながりはネットカフェを使ったメールだけだった。

マスコミの論調も彼らには否定的だった。ある新聞に「彼らはこれからどうするつもりなのか」といった内容のコラムが載った。書いた記者の心境も僕にはある程度わかった。こうして生きることができたら楽かもしれないな、という思いがどこかにある。労働観とか男としての務めといったものをとっぱらえば、同調できる部分がある。そこに東南アジアの人々の人生観を重ねると、これでもいいではないか……と思えてくる。しかし、冗談めかして口にすることと記事を書くことは違う。日本で発行される部数が百万部を超える新聞なのである。もし、外こもりを支持するような記事を書けば、さまざまな方面から異論が噴出するだろう。労働が美徳という日本人のコンセンサスに触れる問題に発展してしまうのだ。

しかし、その記事が発表された後、僕がバンコクで会ったふたりが、怒りをぶちまけてきた。ネットの社会で、激しい言葉を遣うのは、引きこもりのひとつの傾向という。

彼らにはそういう部分はないと思っていたが、突然、人格が変わったかのように文体が激しくなった。

「そんなことは関係ないだろ」

「うざい」

「おまえらが日本にいるから、俺は帰らないんだよ」

敵に出会ったハリネズミのように言葉で威嚇《いかく》していた。しかし彼らが訴えたい心情もわかっていた。彼らは弱く、どこか生真面目だった。「せっかくみつけた自分たちの世界をとやかくいわないでほしい」といった反発だった。「おまえらは、バンコクまで逃げた俺たちを追いかけて、また批難するのか」といいたかったのかもしれない。

僕自身、彼らと同じような因子を抱えもっていた。だから彼らも会ってくれたのかもしれないが、本を書いた時点で責任も感じとってしまっていた。自分のことを書くのはいいが、他人から話を聞いてまとめた本には、いつも自己嫌悪と自戒がつきまとう。僕には簡単に彼らを新聞や雑誌に紹介する感性はなかった。

フクちゃんをドキュメンタリーで紹介する。テレビカメラがまわる。スタッフはバンコクに出向くわけだ。電話取材とは違う。バンコクでは、どのような番組にするのか、話もあるだろう。

ところが彼は、簡単に話を受けてしまった。

▼ドキュメンタリーの取材

その後、彼と東京で会った。東京に一時的に戻ったフクちゃんを、テレビカメラは撮影していた。渋谷の喫茶店で会った。こざっぱりとしたジャンパー姿だった。彼に会う前、どう訊いたらいいのか……戸惑っていた。彼は東京という街を嫌っていたはずだった。

彼は専門学校を卒業し、二十代の後半まで東京で働いていた。その後、バンコクで外こもりの生活になった。収入を得る場所は日本だった。しかし彼が働いた工場は、土地勘のある東京ではなく、名古屋だった。バンコクで買ったのは、バンコクと名古屋の往復航空券だった。日本に戻っている間、東京に戻ることも、父親と連絡をとることもなかった。

彼は二十代の半ばで、母と死別していた。東京で働いていたとき、母は入退院を繰り返すようになった。糖尿病だった。人工透析もはじまったが、最後は脳出血というあっけなさだった。いつも父との間に立ってくれた母が他界し、フクちゃんと家との関係はますます薄くなってしまった。父とは確執が続いていた。

彼自身、社会との適応に悩んでいた。そんな息子の苛立《いらだ》ちを、父はなかなか共有できなかった。東京での仕事がうまくいかない彼は、日本の地方都市で働くことを考えた。そう打ちあけたとき、父の口を衝いて出たのは、

「都落ちか」

という言葉だった。そこではじまる口論……。そんなとき、間に入ってくれたのが母親だった。その後、彼はバンコクという場所をみつける。母の死からほぼ一年後、彼はタイに向かうのだが、父には、「移住を覚悟している」とまで伝えた。彼にとっ

て、それは父への最後通牒にも似ていた。フクちゃんにとって、東京や、東京にある家は、そういう存在だった。

「それなのになぜ東京に？」

井の頭線のガード下にある喫茶店で、安いコーヒーを啜《すす》りながら僕は口を開いた。

「今回は、テレビとかいろいろあったもんですから……」

彼は口を濁《にご》した。

そのとき、僕はなにも知らなかった。

▼父の死

フクちゃんはビラ配りのアルバイトなどで金を貯め、タイに戻っていった。

フクちゃんが登場する番組を、僕は観ることができなかった。上海に出かけていたのだ。日曜日の午後の番組だった。夜、ホテルに戻ると知人からメールが入っていた。協力者のところに、僕の名前が出たので……という書きだしだった。

「すごく重い番組でした」

悪い予感がした。深夜、酔ったフクちゃんがタイ人の不良からボコボコに殴られる映像が映っているのではないかと思った。そんな話をカオサンにいる日本人から聞いていたからだ。

それから一カ月ほどしたときだったろうか。事務所に行くと、僕の机の上に一枚のディスクが置かれていた。フクちゃんがバンコクで配っているのだという。そのディスクには、フクちゃんの顔まで印刷されていた。僕は一瞬、胸をなでおろした。彼が番組を気に入ったような気がしたのだ。

オフィスのパソコンで観た番組は、僕の期待を裏切った。あまりにありのままのフクちゃんが映しだされていた。

その番組のなかで、僕はフクちゃんの父の死を知った。日本に帰国してみると、父はすでに遺骨になっていたのだ。

「勝手に海外に行って、連絡もよこさないで……」

フクちゃんは親戚から厳しい言葉を向けられていた。その映像もしっかりと放映されていた。

フクちゃんはひとりっ子だった。両親が亡くなり、本当のひとりになった。母が死去してから、ひとりですべてを決めていくような状態だったのかもしれないが、父の死はまた別の意味をもっていた。反りが合わない父親だったが、彼にとっては唯一の肉親なのである。

僕と渋谷で会ったとき、フクちゃんはすでに父の死に直面していたはずだった。僕の前ではその話をいっさいしなかったのは、期するところがあったのかもしれない。ひとりになり、これからは誰に反対されるでもなく、どこへ行くこともできたが、フクちゃんにはタイに向かうしか選択肢はなかった。バンコクに行っても収入のあてはなかった。それでも彼にはバンコクしかなかった。

▼「外こもり」たちの同窓会

フクちゃんに再び会ったのは、それから三、四カ月がすぎた頃だったように思う。番組をパソコンで観た後だったが、その間に画期的なことが起きた。彼に仕事がみつかったのだった。それはバンコクのある日本語学校のウェブサイトの仕事だった。額こそ多くないが、曲がりなりにも給料が出た。その金で、彼はアパートを借りた。バンコクをベースに暮らすようになって、五年ほどが経っていたが、はじめてアパートを借りる生活になった。しかし彼の給料では、バンコクの中心街の部屋などとても手が出なかった。

待ちあわせたのは、チャオプラヤー川を渡ったウォンウェイヤイ駅だった。バンコク市内を走るBTSという高架電車が、しばらく前に延長されてできた新しい駅だった。

歩道の向こうから走ってくるフクちゃんの姿が見えた。皺《しわ》だらけの白いワイシャツに赤いネクタイを締めていた。安っぽいズボンを穿《は》き、足許は裸足にサンダルだった。

「どうしたの？　ネクタイなんか締めて」

「就職しましたからねェ」

昔の自分とは違うといいたげだったが、それでサンダルはないだろ、と突っ込みを入れたくなる姿だった。

そこから歩いて十分ほどのところにアパートはあった。殺風景なワンルームの部屋にベッドがひとつという、タイでも最も安いタイプの部屋だった。家賃は月に五千バーツ、一万五千円ほどだった。部屋にはタイの安い酒まで用意してあった。

フクちゃんはその日、やけに明るかった。いや、思い返してみれば、落ち込んだフクちゃんに会ったことがない。それは僕の前でことさら明るさを装っているのかもしれないが、彼の境遇を考えれば大変なことだった。

彼の仲間の外こもり組も姿を見せ、スクムヴィット通りにある居酒屋に繰りだした。かつての外こもり組で、いまはタイ人女性と結婚した日本人にも電話をかけた。彼はラオス国境に近いローエイ県で農家になっていた。フクちゃんは彼のところも訪ねていた。

「すごい田舎ですよ。本当になにもない。商店までバイクで十五分ですから」

まるで同窓会のようだった。一時期、カオサンに巣くっていた外こもりたちの大宴会だった。そのなかで、フクちゃんの父の話はなかなか切りだせなかった。そんな雰囲気ではなかった。フクちゃんは、なにかを吹っきりたいために明るく振る舞っているようにも見えた。もともと楽天家なのかもしれなかった。

ひとりがナナプラザに行こうといいはじめた。そこはBTSのナナ駅に近い歓楽街だった。ひとつのビルのなかに、何軒ものゴーゴーバーがひしめいていた。

外こもりの生活はつましかった。手もちの金で、できるかぎり長く東南アジアにいようとするわけだから、それは当然だった。ナナプラザに行くことになったが、皆、それが当たり前のように歩きはじめた。皆が集まった居酒屋からナナプラザまでは、高架電車でふた駅である。彼らの金銭感覚では、ＢＴＳもタクシーにも縁がない距離のようだった。

夜になっても気温はいっこうに下がらなかった。賑《にぎ》わうスクムヴィット通りの歩道を歩くだけで汗が噴きでてくる。そこを歩く日本人の集団は、外こもりという頼りない男たちだった。

フクちゃんが日本語学校に採用されたとき、その経営者の面接があったという。経営者はタイ人と日本人のハーフだった。日本の学校を卒業し、その後、タイで学校をつくった。

「どうして日本に帰らないんです？」

と経営者が訊いたとき、

「日本では辛《つら》いことばかりだった。日本を恨《うら》んでます」

と答えた。そのとき経営者はこういったという。

「私と同じだ。私も恨んでいる」

日本を恨んでいる、と答えたフクちゃんもフクちゃんだが、経営者も経営者である。ハーフとして日本で育った。いじめにも遭《あ》ったのだろうか。バンコクは不思議な街だ。こんな話にシンクロする人間たちがいる。日本を恨んでいる、といって採用が決まったわけではないだろうが、この学校があって彼は救われた。しかしその入口で彼らの足が止まった。

彼らはナナプラザのゴーゴーバーで騒ぐのかと思っていた。しかしその入口で彼らの足が止まった。


「これですよ、これ」

そこにあるハンバーガー屋台を指さした。なんでも、ここのハンバーガーがやたらうまいのだという。注文すると、タイ人のおばちゃんが目の前の鉄板で焼きはじめる。ひとつ七十バーツと、それなりに値の張るハンバーガーは、なるほどといわせる味だった。僕らの横を、欧米人の観光客がぞろぞろと歩いていく。外こもり組は、そこで立ったままハンバーガーを頬ばるのだ。いかにも彼ららしい贅沢《ぜいたく》だった。日本から捨てられたような彼らである。しかしこうしていま、バンコクの繁華街でハンバーガーを食べている。

「なぜ、日本に帰らないの？」

という問いかけの答えは、きっとこういうことなのかもしれなかった。ここには、同じような過去を抱えもった日本人たちがいる。

▼カラオケ店での仕事

フクちゃんはその後、ある居酒屋の日本人社長に拾われる。その社長が経営するカラオケ店のマネージャー職を任されたのだ。彼の数字を覚える能力には、前から舌を巻いていた。それを発揮できる場所……カラオケだった。日本人客からリクエストが入ると、彼は歌のメニューも見ずに番号を打ち込むことができる曲がかなりあるのだ。

だが、フクちゃんはときどき、奇声を出すことがある。それを気にする日本人客もいる。

「フクちゃん、そういうときは、トイレに行くんだよ。わかったか」

社長は本気でフクちゃんを怒る。それに彼も応えようとする。社長はフクちゃんを真剣に育てようとしていた。

やはりバンコクは不思議な街だ。

フクちゃんを理解してくれる日本の会社は少ない。景気のいいときは余裕があったが、少しでもその勢いに陰りが見えてくると、オセロの白い駒が一気に黒くなるように、不寛容な社会に暗転してしまう。フクちゃんのような男は、簡単にリングから降ろされてしまうのだ。

そんな彼を、バンコクは支えてくれる。皆、豊かなわけではない。日本に比べたら、厳しい綱渡りを続けている経営者も多い。だが、本気でフクちゃんとつきあってくれる。

しかしバンコクの日本人のなかには、また別の世界を漂っている男もいる。

フクちゃんが、そんな男から金を巻きあげられてしまう。

その男ははじめ、客として彼が働くカラオケ店に現れた。ごく普通にビールを飲み、カラオケで歌った。そして代金を払って店を出てからしばらくすると、フクちゃんの携帯電話が鳴った。話があるので、どこかで会えないか——というのだった。

どうやって男はフクちゃんの電話番号を知ったのか。そしてふたりで会ったとき、どんな話があったのか。フクちゃんはいっさい話そうとしない。結論をいうと、フクちゃんはその男に一万五千バーツ、当時のレートで四万五千円ほどを渡してしまう。フクちゃんは、簡単に騙《だま》されてしまったことが恥ずかしくて口にできないのかもしれない。

だいたいこの話をしたときも、フクちゃんはこう切りだした。

「バンコクには、テレビに出たことを妬む奴がいるんですよ」

いったいなんの話かと思った。そこに彼の面倒をみている社長が戻ってきた。僕はことの顛末《てんまつ》を社長から聞いた。フクちゃんは黙ってしまった。反論もあったのかもしれないが、彼はひとことも喋らなかった。

フクちゃんを妬む？　それは違うような気がした。もし、彼が出演したドキュメンタリーを観ていたら、金のある人間かどうかはわかるはずだった。なにしろ路上で寝、飯を食う金がないから一日に一度、寺の施しを受けていた男なのだ。その姿がしっかりと紹介されていた。

おそらく彼を騙した男は、フクちゃんが出た番組など観ていなかった。いや、彼がどういう人物なのかも知らなかったのではないかと思う。男はフクちゃんと出会ったとき、

「こいつは騙せる」

という詐欺師の勘が、クイズ番組で正解を知らせるランプのように、ピコピコと反応しただけのように思う。人を騙して生きる男というものは、そういう直感だけは鋭くなるものだ。

しかしこの話は、そこで終わらなかった。詐欺師にしたら、一万五千バーツを渡してくれたフクちゃんはいいカモである。男はしばらくすると、再び彼の前に現れる。社長によると、三、四千バーツを返しにきたのだという。人のいいフクちゃんは、そこで男を信じてしまった節がある。

一万五千バーツを渡してしまったフクちゃんは、ひょっとしたら騙されたのではないか……という不安に苛《さいな》まれていたはずだ。そこに、ひょっこりと男が現れ、その一部を返金してきた。この男は大丈夫だと安心してしまう。

それから奇妙な同居生活がはじまった。アパートを借りる金もない詐欺師は、彼の家に居座ってしまう。その期間は一カ月にもなった。その間に、フクちゃんの金のなさぶりにも、男は気づいたはずだ。カラオケ店のマネージャーのような仕事をしているから、それなりに金があると読んだのかもしれないが、とんだ思惑違いだった。それどころか、両親とも死別し、日本に帰る場所もない男だった。まあ、そこまでフクちゃんは話さなかっただろうが。

しかし詐欺師は詐欺師である。彼の部屋から、仕事用にローンで買ったノートパソコンをもちだしてしまう。

結局、フクちゃんはアパートを引き払い、被害届を警察に出した。男はタイの警察から指名手配されている詐欺師だった。

以前、こんな男たちの話をよく聞いた。日本で詐欺を働き、追われるようにタイにやってきた男たちである。しかしタイでも食いぶちを得る手段は、やはり詐欺だった。日本とタイの警察の連携が密になってきたのか、最近はあまり耳にしなかった。しかしバンコクの街にはそんな男たちがまだ暗躍していた。

しかし騙されるフクちゃんもフクちゃんである。その男と一カ月も同居したという話には言葉を失ってしまう。

「もっとしっかりしろよ」

フクちゃんは社長に怒られ、「はい」といいながら、カラオケの番号を入力し、客の歌に合わせてタンバリンを叩く。僕はそんなフクちゃんの姿を眺めながらビールを飲む。

いつかフクちゃんから、父親の話を聞こうとは思う。しかしいまだ、その話は切りだせないでいる。

▼四十代をどこで生きるか

あれから十年近い月日が流れた。フクちゃんはいま、日本にいる。静岡県のある街で、エアコンのとりつけやメンテナンスを受けもつ会社で働いている。社員はフクちゃんひとり。大変なことも多いが、気楽でもある。

連絡をとると、日曜なら東京に出てもいい、という返事がきた。昔のフクちゃんとは違うな……と思った。タイにいたフクちゃんは、基本的に金がなかった。しかしいまは違う。二十万円程度だというが、しっかり給料をもらっている。都心まできてもらうのは悪いので、新幹線が停まる新横浜で会うことにした。彼は中央改札で、と指定してきた。

約束時刻の少し前に新横浜駅に着いてしまった。中央改札を探したがみつからない。駅の案内係に訊くと、中央改札というものはないという。フクちゃんにしたら珍しいことだった。ネットで調べるのか、彼の指示はいつも正確で詳細だった。フクちゃんはちょっと変わったのかもしれなかった。

バンコクの居酒屋が経営するカラオケ店で働いていたフクちゃんは、やがて居酒屋の店員になった。そして深夜、その居酒屋の裏路地でラーメン屋台をはじめた。それは居酒屋の社長の発案でもあった。昔、日本の駅前に出たラーメン屋台の発想である。バンコクでの飲み会の帰り、ねっとりとした夜気のなかでネオンを見あげると、ときに思い出すことがあった。

「フクちゃんは元気でやってるかなぁ」

スクムヴィット通りの路地を入る。肩を露《あら》わにし、短いスカートを穿いたマッサージ店の女性たちが盛んに声をかけてくる。そこを抜けると、道端のテーブルを前に、フクちゃんがぽつんと座っていることが多かった。

フクちゃんがつくるラーメンは、お世辞にもおいしいとはいえなかった。あまりに安易だった。電気の鍋で麺を茹《ゆ》で、どこかで仕入れてきた袋入りの業務用スープを温め、そこにたれを入れる。そして具材を載せて出してくれるだけだった。フクちゃんはマニュアル通りにつくっていたが、それは僕にもつくれそうなラーメンだった。

「どう、最近は……」

「タイの政権が安定しないせいか、景気悪いですよ」

フクちゃんは居酒屋のある建物で暮らしていた。食事は店の賄《まかな》いだった。金はなかったが、カオサン時代に比べれば、スクムヴィット通りの路地裏暮らしは平和そうに映った。日本という妖怪のような国への敵意が影を潜めていったような気もする。もう四十歳に近づこうとしていた。いつまでも日本を恨んでいても埒《らち》が明かない……そんな思いもあったのだろうか。

悪い噂も聞こえてきた。あるイベントの収益を、フクちゃんが使い込んだ、という話だった。その話を彼としたことはない。なにかの事情があるような気がしたが、僕はいままで通りに彼のつくるまずいラーメンを食べていた。

一回日本に帰って修業して、タイに戻ってきたらどうだろうか……。そんな話がフクちゃんの周りで交わされるようになっていた。四十歳になった彼の将来を、周囲の人たちが危《あや》ぶみはじめた。彼の言葉はときに人を怒らせてしまうが、その奥に憎めない性格が見え隠れする。基本的には人懐っこいのだが、人との距離を保つことが、もうどうしようもないほどへただった。皆、それがわかっていた。そんな空気をフクちゃんは敏感に感じとったのかもしれない。

彼は以前、「三十代をゆっくり生きてみようと思う」といったことがある。それもそろそろ終わりかと悟った節もある。タイという国は、働かずに暮らす外国人が生きづらい社会になってきたことを、フクちゃんは感じとってもいた。

フクちゃんは帰国を決意した。福島の原発被災地の除染の仕事に就くつもりだったという。しかしその仕事はうまくいかず、解体の仕事を二カ月続けた。体力的にきつかった。そんなとき、バンコクの居酒屋関係の人が紹介してくれたのが、いまのエアコンの会社だった。

「エアコンの技術を身に付けて、チェンマイで会社をつくろうと思うんです。タイ北部には、暖房が必要なところもある。タイ人にはできない技術ですから。ちゃんと会社をつくって就労ビザをとる。もう、観光ビザやビザなしでの暮らしはしません」

「じゃあ、金を貯めないと」

「そう、三百万ぐらい」

「だいぶ貯まった？」

「いや、ぜんぜん」

エアコンの会社では一年以上働いているのだが。

「でも、日本のほうが楽です。生きやすい」

なにか他人ごとのようにそういうのだった。フクちゃんは年に一、二回はタイに行っている。目的は自分のサイトのネタ集めが目的らしい。そのサイトはバンコク時代から続けている。一時はアクセスも多く、彼の収入源のひとつだった。しかしちょっとしたトラブルに遭い、いまはサイトからの収入はないという。

フクちゃんはもう、タイには戻らないような気もする。いや、日本の水はそう甘くないか。ただ、フクちゃんも四十五歳になった。

「あのバンコクの時代はなんだったと思う?」

フクちゃんは黙っていた。

「意地だった?」

フクちゃんは困ったような顔で、少し頷《うなず》いた気がした。

SIEM REAP
CAMBODIA

第2話
儲け

◈カンボジア・シェムリアップ

▼ポル・ポト支配からの夜明け

世界遺産というものに興味がない。そもそも昔から、観光地に触手が動かない旅行者だった。遺跡を訪ねても、その歴史に精通していれば興味も湧くのだろうが、そんな知識もないから、さしたる感激もない。

旅行者を自然派と街派に分類すれば、僕は街派だった。大自然の景観に言葉を失うことはあるが、気がつくとアジアの街なかの屋台で、そばを啜っているようなタイプだった。

しかし、カンボジアという国とのかかわり方は少し違った。街を歩こうと思っても、そこに入れてくれない時代が長く続いた。僕がタイを中心にしたアジアを歩きはじめた頃、この国はポル・ポト派が支配していた。

はじめてこの国の国境に辿り着いたのは、四十年ほど前だった。当時、カンボジアとタイの国境には、かなりの数の難民が流出していた。ベトナム軍は、ヘン・サムリンが率いるカンプチア救国民族統一戦線とともにカンボジアに侵攻した。それに追われるように、ポル・ポト派を含めたカンボジア人たちは西側のタイ国境付近に集まり、一部はタイに入り、そこにつくられた難民キャンプに収容されていた。タイ側の国境に近いアランヤプラテートにいた僕は、難民キャンプで活動していた日本人スタッフと一緒に、国境まで行ってみた。五百メートルほど手前でタイ軍に止められた。国境付近には、コンクリート製の監視所が建てられ、そこにはベトナム兵がいた。

その翌日から、何回かカンボジアに入国した。国境付近に勝手につくられた難民村に入ると、パスポートの提示もなくカンボジアに入ってしまった。難民村は国境に沿うようにつくられていたのだ。厳密なことをいうと、はじめてのカンボジア入国は密入国ということになる。

その後、カンボジアでは内戦が一応終結した。そしてUNTACという国連カンボジア暫定統治機構の管理下に置かれた。

正式にカンボジアに入国したのはそのときだった。プノンペンに一カ月ほど滞在していた。雨季だった。当時のプノンペンは、一歩、裏道に入ると未舗装になった。泥道を、ボディに『UN』と書かれた国連の車が何台も走り抜けていた。まだ街としての体裁も整っていなかった。

それ以来、何回か、そう二十回以上、カンボジアを訪ねた。ベトナムから陸路でカンボジアに入り、メコン川を遡ってラオスに抜けたこともあった。タイ東部のトラートからパイリンに入ったこともあった。

カンボジアの街は、年を追って賑やかになっていった。市場に人が集まり、屋台の密度も増していく。ポル・ポト時代、人も少なく、寂れていった街は、アジアという苔に覆われるように蘇っていった。

カンボジアのいくつかの街をまわり、そばを食べ、ビールを飲む旅が続いたが、アンコールワットのあるシェムリアップには興味が湧かなかった。

アンコールワット観光が人々の目を惹き、かつての寒村に高級ホテルが建ち並んでいると耳にしていたからだ。

アンコールワットは見てもいいとは思っていたが、長時間、バスに揺られて向かうほどの関心はなかった。同じキャップをかぶったツアー客が、添乗員が手にする旗の後ろに続く観光地は、僕のようなひとり旅派にはそぐわない気がしていた。

いじけていたのではない。

旅人には、それぞれ似合った場所というものがある。

▼指さし飯、一・五ドル

しかし、ひょんなことから僕はシェムリアップに行くことになった。

二〇〇八年の十一月、バンコクのスワンナプーム空港が占拠された。タイの政界は、タクシン旧首相派と、それに反対するグループに二分されていた。前者が赤シャツ派、後者が黄シャツ派と呼ばれた。当時の首相は赤シャツ派で、それに抗議するため、黄シャツ派が空港を占拠してしまったのだ。

ちょうどそのとき、バンコクにいた。ソウル経由の飛行機で帰国することになっていたのだが、当然、そのフライトはキャンセルになった。

通常、航空券のルート変更は難しい。だが、こういう場合は例外である。出発地を変えてもいいから、なんとか航空券を使ってほしいと航空会社は考える。占拠が終わるまでバンコクで待機し、その間のホテル代などを請求されると大変なことになる……と航空会社は危惧するのだ。タイ国内でバンコク以外の国際空港を探す……。チエンマイかプーケットに向かう人が多かった。航空会社のなかには、パタヤの南にあるウタパオ空港を代替空港にしたところもあった。

僕が予約を入れていたのは大韓航空だった。問い合わせると、「どうぞ、どうぞ」といった感じでルート変更を認めてくれた。そこで選んだのが、シェムリアップだった。スワンナプーム空港が使えないのだから、陸路で移動するしかない。その距離をみると、チェンマイやプーケットより短かった。シェムリアップからソウルまでは、毎日、便があった。

早朝にバンコクを発った。アランヤプラテートまでバスで行き、そこから国境を越え、相乗りタクシーに乗ってシェムリアップに向かった。午後二時頃には着いてしまった。

国道六号線が街の中央を走っていた。そこに面して市場があり、その脇に食堂があった。できあがったおかずを入れたトレーを並べた店だった。二、三品を指さすと、皿に盛ったご飯の上に載せてくれる。アジアならどこにでもあるスタイルだった。少し遅い昼食だった。千切りにしたしょうがと鶏肉を一緒に炒めたおかずがいい味だった。食べ終わり、値段を訊いた。

「一・五ドル」

僕は一ドル札を二枚出した。

「お釣りはカンボジアリエルでもいい？」

僕はうなずいた。食堂を切り盛りしていたのはおばさんだった。ツアー客はまずやってこない地元の人向けの店だ。会話はすべて英語だった。こんなに英語が使われる街は、これまでのカンボジアではなかった。カンボジアのリエルは桁《けた》が大きいので、支払う金額を訊くのに苦労する。プノンペンですら、市井《しせい》の店は英語がほとんど通じない。

「この街、楽かも……。物価も安いし」

市場を出、国道に沿った道を歩きながら呟《つぶや》いていた。

言葉の通じないエリアを歩くことは多い。いまは電卓があるから、支払うときは苦労しない。料理の注文もなんとかなる。それほどストレスに感じたこともないが、こうしてすっと英語が返ってくると、やはり楽である。

シェムリアップは、外国人観光客が多い。街の人々も英語は身近な言葉なのだろう。こういう街は、えてしてちょこちょことぼられる。しかし、市場のおばちゃんにそんな雰囲気はなかった。指さし飯で一・五ドルというのは、これまでのカンボジアの街の物価から考えても高くない。

ぷらぷらと街を歩いてみた。四階建てのショッピングセンターがあった。暑い時間帯だったので、涼みがてら入ってみた。

携帯電話や電化製品に洋服、食品……フロアーごとに分かれている。そこを歩きながら、外国人がひとりもいないことに気づいた。まあ、アンコールワットに来て、電化製品を買う人もいないだろう。ということは、この街に暮らすカンボジア人向けの店なのだ。

この種のショッピングセンターは、プノンペンで見ていた。なかにはケンタッキーフライドチキンやアイスクリームのチェーン店も入っていた。冷房もしっかり効いている。カンボジアにも、ついにこんなビルができたか……。そう思ったものだった。それが一年前のことである。

同じような店がシェムリアップにもできていたのだ。この街は、観光客だけを相手にした街というわけではないらしい。

僕は誤解していた。

「意外といけるかも……」

街の印象というものは不思議なものだ。それはどこか、恋愛にも似ている。抱いていたイメージが、いい方向に裏切られると、一気に気に入ってしまう。

▼一年の利益、四十六ドル

シェムリアップでは、ヤマトゲストハウスという宿に泊まった。知人が、このゲストハウスの経営にかかわっていた。

「そう、いま、この街に住んでいる日本人は三百人ぐらいかな。観光業界で働く人が多いけど、そうじゃない人も増えてるんです。引退してロングステイの目的でここに暮らしている人もいますからね。居心地がいいんですよ。オールドマーケットの近くには、パブストリートがある。観光客向けの店だけど、ちゃんとしたコーヒーを飲むことができるカフェも多い。バーも並んでいる。日本の居酒屋もあるし、韓国料理店もね。地元料理だけになっちゃうカンボジアの地方都市とは違うんですよ。カンボジア語が話せなくても、それほど問題はないし……。でも、この国の街だから、やっぱりのんびりしている。そういう空気を感じとるんじゃないかな。ここに住んでいる人は」

西村清志郎は、ヤマトゲストハウスの一階にある食堂で、そんな話をしてくれた。

シェムリアップにやってきて八年になる。三十八歳……。シェムリアップに拠点を置く旅行会社に勤めている。このゲストハウスには、個人的にかかわっている。はじめは旅行会社も出資していたが、それほど収益があがらず、何人かの個人が出資する形に変えた。

ヤマトゲストハウスがオープンしてから八年ほどがたっていた。西村もときどき顔を出していた。ここが売りだされることになった。その話に、西村が乗ったわけだ。

「でもね、買ったときの前年の利益が四十六ドルだったんですよ」

「四十六ドル？」

思わず訊き返してしまった。一カ月の利益ではない。一年間の利益——。もちろん、スタッフへの給料などの経費を払った後に残った額だ。赤字ではない。いや、そういうことではなかった。四十六ドルといえば、この頃のレートで四千円ほどである。

「夢があったんです。シェムリアップに来る前、オーストラリアに四年間いました。あっちにはボルダリングバーが何軒もあった。壁がボルダリングの練習スペースになっているんです。シェムリアップにいる日本人って、夜が暇でしょ。することがない。こういうバーができればいいかと思ってね」

シェムリアップの中央を貫く国道6号線は、意味もなく広い。ヤマトゲストハウスもこの通りに沿って建っている

その壁を見せてもらった。ゲストハウスの食堂の奥にいくつもの突起が出た垂直の壁があった。その日は二、三人の日本人が安全確保用のロープを腰につけ、壁を登っていた。あり余るほどの金があり、趣味でボルダリングバーをつくるのとは少し意味が違う。西村は旅行会社からの収入があるからいいかもしれないが、ここで働く十人近いカンボジア人スタッフは生活がかかっている。一年の利益が四十六ドルということは、いつ赤字に転落してもおかしくない状況だろう。そのゲストハウスを買うということは、それなりの責任が生まれてしまう。

▼出資の条件

「旅行会社が出資をやめたときにね、一緒にこのゲストハウスを経営していく出資者を募ったんです。ただ、自分のなかで、ある条件を決めていた。このゲストハウスをビジネスの場に考えて、どんどん儲《もう》けていこうっていうタイプの人は加わってほしくないと思ったんです。気軽にこの店に来て、まったりとビールが飲める。それでいいじゃないかって思える人たち。ここが儲からなくたっていい。スタッフのカンボジア人が生活することができればいい。そういうゲストハウスなら出資してもいいっていうタイプの人に声をかけたんです。シェムリアップは、そんなに大きな街じゃない。日本人も三百人程度。少しつきあえば、その感覚は伝わってきます。そういう人とやっていったほうが楽しいじゃないですか。その後？　いろいろ工夫して、前ほどじゃなくなってきましたけど、六月と十月はかなり赤字が出る。六月の赤字は二千ドルを超えます。ほかの月で、なんとか補っている感じ。でも、収益が出ても、食堂を広げたり、改修に金をまわしてますから、利益はほとんどないことに変わりはないんですけど」

なぜ西村は、このゲストハウスにこだわるのだろうか。僕はいまひとつ、しっくりこなかった。まったりできるゲストハウスにしていきたい……その気持ちはわかる。そういう場をつくりたいという思いも理解できる。しかし、ゲストハウスの経営は、なかなか気を遣う仕事なのだ。

僕と話し込んでいるとき、彼はゲストハウスで飼っている犬のことが気になってしかたないようだった。彼はスタッフを呼んだ。

「いま、あいつ、ウンコをしたがってるんだ。吠え方を聞けばわかる。ここは食堂だろ。ここでウンコをしたらまずいだろ。誰か、外に連れ出せない？」

しかしそのとき、食堂にはかなりの客が入っていた。スタッフはその注文を受け、その料理づくりに忙しそうだった。西村のいっていることもわかる。ひとりが犬の紐をほどき、店の前の駐車場の隅につないだ。だが、そこは店の入口に近い。西村はそれも気に入らないようだった。

「下川さん、すいません。十分待ってもらえますか。ちょっと散歩させてきますから」

犬を連れながら路地に入っていく西村の後ろ姿を眺めながら、また悩んでいた。ここまでしてゲストハウスにかかわる理由……。

ぼんやりとしていると、カンボジア人のスタッフが気を遣い、ピッチャーのビールを注ぎにきてくれた。カンボジア人特有の優しい笑みをつくる青年だった。

▼孤児院での経験

西村がシェムリアップにやってきたきっかけは孤児院だった。そこで英語を教えるという話に乗ってやってきた。そのときのことを、彼に依頼して、原稿にしてもらったことがあった。そのなかで彼は、こんなエピソードを紹介していた。

——午前中に三コマ、午後に三コマの授業を受けもっていた。授業は好評で、孤児院以外からも受講する人もいた。三カ月がすぎた頃、持参した金の減り具合が早いことに気がついた。もともと、六カ月間のつもりで孤児院にきたから、多額の現金はもってこなかった。物価の安いカンボジアでは、百ドルもあれば一カ月は暮らせた。ところが、財布のなかのドル紙幣が妙に早くなくなっていく。

盗難の可能性があった。はっきりさせるために、財布のなかに十ドル紙幣を三枚だけ入れた。孤児院の子供たちは、授業の間の休み時間や昼休みに、グラウンドに出てサッカーや縄飛びをして遊んだ。いつもその輪に加わっていた。そのとき、財布の入った鞄を、グラウンドの脇に置いてみた。帰り際に調べてみた。十ドル札が一枚だけ消えていた。

翌朝、院長に相談してみた。院長は悲しそうな表情を浮かべ、彼なりの判断で犯人と思われる男児の名前をあげた。その推測は、私の予想と一致した。

その男児は、しばらく前から英語の授業だけに顔を出していた。いつも菓子を持参し、皆に分けていた。おそらく、生徒たちの輪のなかに入りたくて、盗んだ金で菓子を買ってきたのだろう。

男児は院長からなにをいわれるのかわかっているようだった。彼を呼びだそうとすると、急に自転車に飛び乗り、孤児院から姿を消した。

こみあげるものがあった。

ここで英語を教えているだけでは、カンボジアの問題は解決しない。

西村がシェムリアップで、ガイドとして働きはじめたのはその後だった。

▼西村の胸の裡

西村は彼なりの方法で、カンボジア人に金が支払われる流れをつくろうとしているのかもしれなかった。

観光の仕事を通して金が動く。しかしその金の大半は、外国資本の旅行会社に還流していってしまう。もちろん、額は少ないかもしれないが、シェムリアップの人々にも金は渡される。でも、金を受けとることができるのは、流暢《りゅうちょう》な外国語を操ることができる選ばれたカンボジア人だ。

このゲストハウスの宿泊客は日本人が多い。スタッフは、うまい日本語を操れるわけではない。だが、ここで働けば、毎日、日本語に接する。学校に通う余裕のないカンボジア人が、まっとうに働いて給料をもらい、日本語を覚えていく場……。

西村はそんなことを考えている気がした。照れ屋の彼のことだから、そんな話は口にしないだろうが。

日本語の堪能なスタッフを雇うことはできる。高い賃金を払えば、簡単なことだ。しかし、その発想でものごとを進めていっても、この国の問題は解決しない。

この場をビジネスの場としてとらえ、多くの収益をあげる発想を押し通してもいい。日本語がうまいスタッフを雇えば、このゲストハウスに泊まる客は増えるかもしれない。宿泊代や食堂の料理の値段をあげることができる。

高いサービスを提供して、高い収益を得る。観光の分野の専門学校では、そんな内容の講義が行われているような気がする。しかしそんなシステムでは、カンボジアの底あげはなかなかできない。

西村は日系の旅行会社に勤めている。そこは会社だから、利益を追求しなくてはならない。それは当然のことだ。いまの企業は、社会貢献を声高に語ることがあるが、現場はそうもいかないことが多い。企業は慈善団体ではないのだ。その企業から西村は給料をもらっている。だが、彼は、孤児院で、仲間に入れてもらいたいばかりに十ドル紙幣を盗んだ少年を見てしまっていた。

そんな心のバランスを、このゲストハウスで保とうとしているのかもしれなかった。

▼日本人客からのクレーム

西村はときどき、モラルを欠いた日本人宿泊客の話をした。

こんなことがあった。

ゲストハウスに、ひとりの日本人男性が宿泊した。ちょうど旅行のハイシーズンにあたり、ゲストハウスの宿泊客も多かった。ここのシャワーは共同で、お湯が出るシャワーと出ないシャワーがあった。たまたまその男性客がシャワーを浴びようとしたとき、お湯の出るシャワーを別の人が使っていた。その男性客は、水のシャワーを浴びた。

トラブルは、その男性客が日本に帰ってから起きた。一通のメールが届いたのだ。

〈水のシャワーを浴びたため、風邪をひいた。そのため治療を受け、薬も買った。その代金の七十ドルを請求する〉

こんなクレームもあった。

シェムリアップからプノンペンに行くには、飛行機のほか、バス、トンレサップ川をくだるボートがある。バスかボートを予約すると、その会社のサービスで、バスターミナルか船着き場までの送迎がついてくる。ゲストハウスに泊まったその男性客は、ボートを予約した。当日の朝、六時半、送迎の車が、ゲストハウスの前に来ることになっていた。その予約を受けもったのは、ゲストハウスのスタッフだった。

クレームはマレーシアからメールで届いた。こんな内容だった。

〈当日の朝、ゲストハウスの前で送迎の車を待っていた。約束の時刻になっても、車は現れなかった。ボートの出航時刻に遅れてはいけないと、トゥクトゥクに乗って船着き場に向かった。そのトゥクトゥク代の九ドルをマレーシアの以下の口座に送金してくれ〉

バスやボートの送迎車は、シェムリアップ市内のホテルやゲストハウスを巡回する。予定通りに到着しても、出発の準備が遅れている客もいる。そこをまわっていくわけだから、ときに五分ほど遅れることはある。それを考慮し、余裕をもった時刻を設定してあった。実際、その宿泊客がトゥクトゥクで船着き場に向かった直後に、送迎の車がゲストハウスに到着していた。

この種のクレームに、ゲストハウスのカンボジア人スタッフは、怒りを露わにした。

「自分たちに落ち度はなにもない。その金は、絶対に払うべきではない」

涙ながらに訴えるスタッフもいた。宿泊客が心地よく泊まれるように、彼らなりに頑張っていた。それは彼らの誇りでもあった。しかし、自分から水のシャワーを選び、自らトゥクトゥクに乗ったのに、その代金を請求してくるのは納得がいかない。スタッフたちはそう訴えた。

クレームの処理は西村の担当である。日本語のメールのやりとりになる。もちろん、西村も納得がいかなかった。何回かのやりとりがあった。クレームをよこした客は、一方的に「払え」といい続けた。

西村は決心した。

スタッフを前にこんな話をした。

「払うことにしました。皆は不満かもしれないけど。何回か交渉を続けるうちに、なんだかばかばかしくなってきたんですよ。こういうことに心を乱されて、メールを打つのに時間をかけて……。こんなことに時間をかけるなら、日々の仕事をちゃんとしたほうがいい。こういうタイプの人とかかわっていても時間の無駄です。こういうクレームで、ストレスを抱えたくない。それよりも、早く忘れて、元気に働いたほうが、ずっと意味があると……」

スタッフたちが、西村の思いを正しく理解したのかはわからなかった。

▼アジアに吹く風

観光や宿の世界だけでなく、いまの日本社会はクレームが増えている。どう対処していくかは難しい問題だろう。企業の論理を貫けば、払わない種類のクレームかもしれない。シャワーにしろ、トゥクトゥクにしろ、客自身の判断の結果だからだ。自己責任の範疇に入ってくる気もする。しかし、サービス業はその判断がなかなか難しい。あらぬ噂をたてられることへの心配もある。顔の見えないネット社会の広がりが、クレームを多くさせてしまっているという見方もある。

ところが、西村の言葉を聞いていると、彼のなかにはまた別の文脈があるような気がしてならない。

このゲストハウスをビジネスのツールに使い、収益を増やしていこうとする発想と、クレームを宿に向ける感性は、どこか根っこのところで共有するものがあるように西村には見える——。彼はそういっているようにも思う。彼自身、はっきりした言葉で主張しているわけではない。でも、彼とビールを飲んでいると、そんな気になるのだ。

いや、カンボジアのシェムリアップという街から眺めると……ということかもしれない。

カンボジア人の人口が増えているとはいえ、やはりシェムリアップは観光の街だ。アンコールワットという貴重な遺跡をめぐり、観光業者は日々、そろばんを弾《はじ》く。しかし、そこで働くカンボジア人の間には、アジアの風が吹いている。その風の心地よさを、西村は守ろうとしているのだろうか。そのためには、儲けを追求しない。ただ皆が、まったりと集まることができる場をつくる。それでいいのではないか……と。

二〇〇八年、はじめてシェムリアップを訪ねて以来、僕は年に二、三回のペースで、この街を訪ねている。僕にとって心地いい街になってきている。

遺跡はシェムリアップという観光都市をつくりあげてしまった

はじめて訪ねたとき、僕も半日だけ、アンコールワット見学に出かけた。アンコールワット、アンコールトム、タ・プローム。一般的なポイントをまわった。それから何回もシェムリアップを訪ねているが、アンコールワットに足は向かない。いつも、市場の脇の食堂で飯を食い、夜は、西村がいるヤマトゲストハウスの食堂でビールを飲みながら、ぼんやりしている。僕にとって、シェムリアップはそんな街になりつつある。

▼JICAに就職

二〇一九年、西村はカンボジアにいる。しかし仕事の環境は大きく変わった。そもそもいまはシェムリアップではなく、プノンペンに住んでいる。

シェムリアップの知人から、西村の転職の話が聞こえてきた。

「西村さんはJICAに就職したそうです。すごいですよね」

「JICA?」

日本の国際協力機構である。海外に暮らす人にとって、JICAの職員は羨望の的でもあった。僕のような旅行者にも、その話は聞こえてきた。海外に駐在する日本人社会には、目に見えない序列がある。大企業と中小企業では、赴任先での待遇が違う。日本でのヒエラルキーがそのままもち込まれる傾向が強かった。そのなかでＪＩＣＡは最高峰に君臨していた。国の職員だから、予算というものもあるのだろうが、住んでいる家が民間とは違った。そのあたりから尾ひれがついていく。

西村とプノンペンで会った。彼は自転車に乗って現れた。シェムリアップで会っていたときとなにも変わらなかった。

「なにか変な噂が流れているみたいですね。ＪＩＣＡっていったって、シニアボランティアですよ。高い給料をもらえるわけじゃないのに、ＪＩＣＡっていう肩書きだけで……」

たしかにかつてのＪＩＣＡのスタッフはかなり恵まれていた。しかしその内容が批判を浴び、状況はだいぶ変わってきているようだ。しかし一度植えつけられたイメージはなかなか消えない。

彼は旅行業に長くかかわってきた。僕は旅ばかりの身だ。こういう世界にいると、政府側の内実を知りたい欲求は生まれてくる。しかし西村が派遣されたのは、カンボジア政府だった。観光省のプロモーション＆マーケティング部だという。

最近のカンボジアを見ると、ここは中国の属国ではないかと思うことすらある。プノンペンの街の看板にも中国語が目立つ。それも繁体字ではなく簡体字。いまの中国政府とカンボジア政府のつながり具合がわかる。

プノンペン市内はいま、路線バスの整備が続いている。JICAの事業としてはじまった。二〇一六年、十四億円近い無償資金協力の話がまとまり、本格化した。韓国製の中古バスを八十台購入し、バス停の整備も進んだ。

ところがその後、中国がバスの新車を百台寄付すると発表した。プノンペンの人たちはこういったものだった。

「たぶん、はじめから中国からの寄付は決まっていたんじゃないかな」

カンボジア政府は、日本と中国の援助を巧みに利用したというシナリオである。アジアの小国のテクニックということなのだが。

こういう話に西村がかかわるわけではないが、カンボジアの観光省で働いていると、その空気感はわかってくる。カンボジア政府のスタッフは皆、中国に向いている……。そのなかでのJICAの仕事。なかなか難しい問題を抱えているのだ。

西村と僕が泊まっているホテルの近くにある焼き肉屋に入った。なぜかわからないが、いまのカンボジアは焼き肉屋が異常に多い。

彼はこれから、どんな領域にかかわっていくのだろうと思う。カンボジアはなかなか難しい国だ。裏もある。これからもときどき、彼とは会うだろう。なかなか本には書けないカンボジア政府の話をたくさん教えてくれるかもしれない。

HONG KONG, BANGKOK THAILAND

第3話
夢追い人

◈香港、タイ・バンコク

▼深夜のコンビニで

コンビニ——。若者たちにしたら、簡単に働くことができる場所のひとつである。日本には実にさまざまなアルバイトがある。しかしそこで働く若者が発する匂いには、ひとつの傾向がある。たとえば一日三時間のアルバイトも可能といったような店は大学生が多く、そこに流れる空気は軽い。しかし東京近郊の車の組み立て工場になると、多くが住み込みで、一気に金を貯めたい若者や借金返済にあえぐ中年が増え、そこは人生の澱《おり》のようなものがにじんでくる。もっともどこも人手不足の場所だから、忙しさは変わらないのかもしれないが。そのなかでコンビニはどんな位置を占めるのだろうか。働く時間帯によって働く若者の顔つきが変わってくるらしい。

時給のいい深夜時間帯のアルバイトになると、その収入で生きる若者が増えてくる。店によって違いはあるのだろうが、深夜の時間帯を選んだ若者は皆、世間ではフリーターと呼ばれる人種だった。

音楽や芝居をやるためというタイプもいたが、高校を卒業してからずっとコンビニ

でアルバイトを続けている青年もいた。しかし彼らが一様に抱えていたのは、

「このままやっていてどうなるんだろうか」

という苛立ちだった。その心の揺れは周期的に襲ってくる……。そういったのは、バンコクに住む雅人（仮名）だった。

彼は東京の練馬区にあるコンビニで四年間働いた。多くが時給のいい深夜の時間帯だった。時給千円。一日の稼ぎは一万円ほどになった。

その日も雅人は深夜のコンビニで働いていた。いつ頃パンが届き、おにぎりは何時に届くという時刻はインプットされている。ぱらぱらとやってくる客の対応をしながら、商品にバーコードを貼り、陳列棚に並べていくのが深夜担当の仕事だ。しかしその日の雅人は、つい手を止めてしまうことが多かった。

深夜は三人で担当する。そのなかにマサル（仮名）がいた。雅人よりひとつ歳下の二十六歳だった。彼はバンドに加わっていた。高校の同級生で結成されたロック系のバンドだった。もちろん夢はメジャーデビューだった。マサルはそこでドラムを担当していた。

一度、マサルのバンドのライブを聴きに高円寺までいったことがある。雅人はロックにそれほどの興味はなかったが、彼がそのチケットをくれたからだった。粗削りで

あるのは仕方ないにしても、なにを訴えかけようとしているかが希薄な気がした。デビューにはまだまだ時間がかかりそうだった。

そのマサルが、「今日から休む」と店長から伝えられた。体調が悪いことは前から知っていた。ふたりで菓子パンを棚に並べているときだった。そう半年ほど前のことだ。

「昨日、メンバー同士で大げんかになっちゃってさ」

「メンバーってバンドの？」

「一応、俺、リーダーだから。まとめなきゃいけないんだけど。ひとりが辞めるっていいはじめたんだ。これまで頑張ってきたけど、どこからも声がかからないじゃないかって」

「どのくらいになるの？」

「高校時代からやってるからもう十年近くになる。皆、バイトで頑張ってきたけど、もう諦めようよって、ひとりがいいはじめたんだ。昨日、ライブの打ちあげがあってね」

「マサルは何歳？」

「二十六」

「……」

「でも俺は続けるよ。決めた道だからな」

人ごとではなかった。これまでこのコンビニでは、数え切れないほどの同年代の若者と一緒になったが、深夜に頑張るタイプは、こんな感じが多かった。皆、虚勢を張っていたが、心のなかは揺れていた。

いつの時代でもこういう若者はいる。そのなかから、ほんのひと握りが世に出て行くのも変わらない。フリーターといわれる若者は、世間からは定職にもつかない怠け者のようにいわれることがあるが、その多くが、実は夢を追いかけるまじめな若者だった。フリーターとかニートといった言葉は、少子化問題や、年金破綻といった社会福祉を支える枠組みの維持といった政策的な意図のなかで表面化してきた言葉にすぎない面があったように思う。

その頃から、マサルはときどき仕事を休むようになった。月に一回といった割合だったが、そういえば先月はもう少し休みが多かった気がする。

一度、洗面所で薬を飲んでいるマサルを見かけたことがある。その袋には、心療内科の病院名が書いてあった。マサルは鬱《うつ》に陥っていたのかもしれない。メンバーをなんとか維持しようというストレスが溜まってしまったのだろうか。

店長は、「マサルはしばらく休む」といった。雅人は鬱がひどくなったのだろうと思った。バイトのメンバーの病気に、雅人も揺れていた。人ごとではなかったのだ。

▼夢追う自分への苛立ち

雅人は茨城県下の進学校を卒業した。映画が好きだった。大学受験を控え、両親に、「映画の専門学校に行きたい」と打ち明けた。しかしその言葉に、父親が反対した。

「とにかく大学に行けばなんとかなる。映画をやるのは、それからでも遅くないだろ」

雅人自身、踏ん切りがついていなかったのかもしれない。父親の言葉に揺れてしまう。しかしなんとなくすっきりしない。受験勉強にもなかなか集中できなかった。進学した先は、東京の二流大学だった。英語が得意だった。そして選んだのが英語学科。いまにして思えば、あまりに安易な進学だった。

大学は面白くなかった。もともと、会社員になるつもりはなかった。なにか生理的に合わないような気がしていた。そんな雅人にとって、大学の授業は色褪《いろあ》せて映ってしまう。

「こんなことをしていてなにになるんだろう。大学は辞めたほうがいいんじゃないんだろうか」

二年の頃から考えはじめたという。そして三年に進学するとき、大学を休学してアメリカに向かう。雅人のなかではひとつの計画があった。それはまず英語の力を磨き、そしてアメリカの映画学校に進学することだった。高校時代に抱いた夢を実行に移したのである。

アメリカのロサンゼルスの語学学校に三カ月通った。そしてニューヨークにある映画の専門学校に入学した。その学校は三カ月単位で、映画に関するさまざまなことを学ぶ場だった。そこで習ったことは、映画の基本原理が中心だった。技術的なことは二の次といった講義内容だった。メジャーな映画より、どちらかというと独立系の自主映画に惹かれていた彼にとって、その授業はそれなりに面白かったが、仕事に直接結びつくというものでもなかった。

帰国した雅人は、自主映画を制作しているいくつかの会社に連絡をとった。そこで知るのは、自主映画の世界は給料を払って社員を雇う世界ではなく、自腹を切ってでも好きな映画をつくっていくという人たちが集まっているという現実だった。

そこで雅人は大学を辞めてしまう。映画の世界につながりができたわけではなかったが、大学に残る意味も感じていなかったのだろう。手弁当で自主映画をつくる男たちに触発されたのかもしれなかった。アルバイトを続けながら、やがて映画をつくる……。なんだか芝居がかったストーリーにも映ってしまうが、そうすることで、雅人は大学を辞めていく自分をいいくるめていたのかもしれない。

将来はビッグな存在になると夢見てフリーターに走る若者……彼はその典型でもあった。誰しもフリーターという立場に甘んじているわけではない。いつか大きな存在になるために、とりあえずフリーターになるという発想だ。現実はそれほど甘くなく、世間でいうようにフリーターはフリーターにすぎないのだが、日本という国には、とりあえず生活できる手段がいくつもあり、親の支援を受けなくても自分の夢を追い続ける環境があるわけだ。

しかし、そのステージのようなものが気にかかるのだ。自分にはめざす世界があり、学生時代はそれに没頭してきたのだが、なかなか芽が出ない。仕方なくアルバイト生活をはじめるというならわからないではない。しかし雅人にしても、なにひとつ映画制作にかかわっているわけではないのに、現実味に欠ける夢だけがフリーター暮らしの支えになっていく。当面、親や友人にそう伝えることはできても、最後のところで辻褄《つじつま》が合わなくなってしまうのは、自分自身の問題である。

雅人にしたら、バンドのメンバーで悩み、鬱に陥ってしまったコンビニのバイト仲間は眩《まぶ》しく映っていたはずである。彼は曲がりなりにもバンドを続けていた。ライブも開いていたのだ。ところが雅人は、「映画を撮りたい」と口にするばかりで、なにひとつ手をつけてはいなかった。いってみれば、映画好きの青年がコンビニでアルバイトをしているだけのことだった。

雅人が周期的に不安に襲われたというのは、おそらくそういうことではないだろうか。コンビニでバイトをしていることとか、世間からフリーターと呼ばれることではなく、一向に映画制作の世界に近づけない苛立ちに近い不安だった。

「夜、すごく落ち込むことがあるんです。そんなときは、フリーターは楽観的になれないと続かないんだと自分にいい聞かせる。そのうちにだんだん気分が楽になっていく。コンビニで働いていた四年間は、その繰り返しでした」

彼にいわせると、コンビニで働き続ける期間は三年から四年ぐらいが多いのだという。その間に、一回ぐらいは、

「店長にならないか」

という誘いを受ける。そんなつもりもない人ばかりだから、その話は断ることになる。自分の夢を諦めて働くなら、違う職場を選びたいという自負もある。しかしだからといって、夢にはなかなか近づかない。その期間が三年から四年ということなのだろうか。

▼「外こもり」の香港での日々

雅人は香港に行くことにした。

「日本にいても行き詰まるばかりなんです。海外に出ようと思ったんです。友だちには、海外にいるだけで、なにかすごいことをしているように思われる気がしてね。独学だけど広東語の勉強もしていました。でも調べていくと、香港で働くためのビザをとることはかなり難しいことがわかってきた。それを友だちに話したんです。『香港に行くのはもう諦めようと思う』って。そうしたら『意気地なし』っていう言葉が返ってきたんです。ムカッとしましたね。でも考えてみればその通りなんです。映画、映画っていって、ニューヨークまで行って、そのあとコンビニのバイトばかりでしょ。なにもしてないんです。なにもできなかったんです。出口がどこにもなかったんです」

香港に行ったのは、香港映画になにかかかわれるのではという単純な発想だった。しかし事前にコンタクトをとったわけでもなく、ただ旅行者のように香港に渡っただけのことだ。しかし決意だけは一人前だった。もう日本で暮らすつもりはなかった。香港でなんとかしなくてはならなかった。

しかしひとりで勉強した広東語はまったく通じない。香港でなにをしたらいいのかもわからない。

「完全に外こもり状態でした。ゲストハウスを出ても行くところがない。なんとかしないといけないとは思いながら、その糸口がみつからない。かといって日本には帰りたくない。あのコンビニの暮らしを考えると……」

彼が口にした「外こもり」の意味は、フクちゃんのようなバンコクの外こもり組とはだいぶ違う。バンコクの外こもり組は、どちらかというと確信犯に近い。日本という社会を、金を稼ぐ場所だけととらえ、金が貯まったらバンコクでなにもせずに暮らすというスタイルをつくり出してしまった。そう居直ってしまえば、精神的にはかなり楽で、自らの暮らしへの疑問に悶々《もんもん》と悩むことも減る。

しかし雅人は香港の安宿で、本当に引きこもっていた。いったいこれからどうしたらいいのか自問し続けていた。茨城の田舎に帰るという選択肢も頭をよぎった。そこには映画への思いを諦めることも含まれている。父親に頼めば、なにかの仕事を紹介してくれるだろうか。

世間にはそんなタイプは多いのだろう。若い頃、夢を追いかけて……。しかし雅人はまだ、なにもしていなかった。

大学を中退してから、映画のとば口にも立っていない。しかしいったいどうすれば、その世界に入っていけるのだろうか。つまりは自分の決断なのかもしれないが、その方法論すら霧に隠れている。

もう二十七歳なのだ。

香港には一カ月いた。答えなど出るわけがなかった。しかしそのまま日本に帰る気にはどうしてもなれなかった。

それはちょっとした旅心だったのだろうか。日本に帰りたくない口実を自分のなかにつくったのかもしれない。

雅人は香港からバンコクに向かう。

▼居場所はバンコク

バンコクではカオサンのゲストハウスに向かった。そこではいろんな日本人と出会った。そんななかに、これから日本語教師としてバンコクで生きていくという奴がいた。会社を辞めて、これから宝石の事業を立ち上げると息巻いている男もいた。そしてそのなかに、外こもり組がいた。

「そんな生き方があるのか……」

カオサンで飛び交っていた話が、ひとつ、ひとつ、なんの抵抗感もなく雅人のなかに入ってくるのがわかった。それぞれが口にする話には、雲をつかむような話や明らかな眉唾物《まゆつば》もあったが、そんな話を口にする日本人は皆、同じ匂いを漂わせていた。全員が日本嫌いだった。正確にいえば、皆、日本の仕事を嫌っていた。日本という国に生きづらさを感じとってしまった若者たちだった。

雅人のような若者は、バンコクのカオサンに近づかないほうがよかった。日本で行き詰まった若者は、カオサンに流れる空気に一気に染まっていってしまう。まるで赤子の手をひねるようなものだった。もっとも、手をひねる特定の人がいるわけではない。カオサンに集まってきた若者たちが体から発散するエーテルのようなものにすぐに感化されていってしまうのだ。日本での閉塞をまとった若者たちは、誘蛾灯に集まる蛾のようにも映る。

「バンコクは面白い。直感でそう思いました。急に楽になったというか、救われたというか。バンコクに行って、なにか急に目の前が開けてきたような気がしたんです。もう、この街にいたらとやかくいわれないっていうような感じかな」

雅人はしばらくカオサンに滞在し、いったん日本に帰った。そのときはすでにバンコクに住むことを決めていた。例のごとく、バンコクでどうするのかが決まっていたわけではなかった。

「カオサンではいろんな人に会いましたが、なにもしないっていうのは嫌だったんです。もう香港でこりごりというか。香港でいろいろ考えたんです。これまで映画を撮ることばかり考えていたけど、脚本を書いてみるってのはどうだろうかって。バンコクにはフリーペーパーがいっぱいあることもわかってきた。とにかくそこで書かせてもらおうかと思って。なんだかバンコクに行って、急に元気になったんです。原稿料は日本よりずっと安いかもしれないけど、この街ならやっていくことができるような気がしたんです。やっぱり、バンコクにいる日本人の匂いっていうか、そんなものに救われたんだと思うんです。日本で悩み続けていたことがなんだかバカみたいに思えてきてね」

バンコクがそういう街だとしたら、僕はそれでいいのではないかと思うのだ。

▼新たな夢

二〇一九年、雅人は東京にいた。メールで連絡がとれた。新橋駅で待ち合せることになった。

彼が日本に帰ってきたことは知っていた。しかしまたバンコクに行ったのではないかと思っていた。

新橋というのは、いま、泊まっているゲストハウスが新橋にあるからだった。仕事はコンビニだった。タイに渡る前の環境に戻ったようなものだった。四十一歳になっていた。

しかしタイに渡った雅人の環境は目まぐるしく動いた。はじめは、現地のフリーペーパーに原稿を書いていた。収入はそこそこあったが、問題は滞在ビザだった。フリーランスの状態でバンコクにいることが次第に大変になってくる。

そこでコールセンターに就職した。コールセンターの仕事は、日本からかかってくる電話への対応だった。たとえば、買ったパソコンが立ちあがらなくなる。そんなとき、メーカーのコールセンターに電話をかける。その電話がタイのコールセンターにかかり、そこにいるスタッフが、マニュアルに沿って対応していく。

なぜタイかといえば、人件費が安く抑えられるからだった。同じ日本人なのだが、タイでは月給十万円ほどで日本人を集めることができた。応募する日本人にも思惑がある。コールセンターの仕事は精神的につらい。基本的に苦情処理だからだ。しかしビザをもらうことができた。つまりコールセンターの仕事をこなしながら、仕事を探すわけだ。

タイ政府もこの事業を評価した。タイ人の労働市場に影響を与えず、税金面では増収になるからだ。タイ政府は日本人の給料の最低ラインを決めていたが、それより安い賃金で雇うことを許可していた。

雅人はそのビザのためにコールセンターで働くようになった。そしてタイ人女性と結婚する。流暢に日本語を話す女性だった。子供もふたり生まれた。

しかしこの頃から、環境が暗転していく。彼の説明によると、奥さんが別の日本人に走ってしまうのだ。日本語が堪能な奥さんは、かなりの高給を得ていた。そこで奥さんは自分の妹に子供の世話を依頼し、家を出ていった。雅人は奥さんの妹と子供の世話をしながら暮らすという奇妙な同居生活を送ることになる。

その後、雅人は奥さんを呼び戻し、子供を連れて帰国する。期するところがあったのかもしれない。彼はアルバイト契約だったが、編集プロダクションで働くようになった。しかしうまくはいかなかった。結局、正式に離婚することになる。いまは月に一回、子供と会っている。ふたりの子供は、日本の中学校と小学校に通っているという。

離婚が成立して以来、雅人はゲストハウスやシェアハウス暮らしが続いている。その年数は五、六年になる。いってみれば、住所不定といったことになるが、さして不便は感じていないという。そして収入はコンビニのバイトというわけだ。

「離婚してよかったと思っています。僕は結婚生活に向いていないんです。いま?毎日、小説を書いています。SFバイオレンスなんですけど。一日四、五時間はパソコンに向かっているかな。僕は書くスピードが速くないから、一日五百字ぐらいだけど。バンコクや日本でライターの仕事をやっていて、ずっと疑問を抱いていました。

これでいいんだろうかって。バイトをしながら小説を書くようになって、このほうが向いているって思うようになりましたね」

正直なところ、雅人がこういう暮らしになるとは思わなかった。タイに行く前から揺れてはいたが、まだ社会の枠組みのようなもののなかであがいていた気がする。バンコクでの暮らしが、なにかを変えてしまったのかもしれない。

「バンコク？　他人を気にしないで勝手に生きてもいいってこと、学んだような気がします。好きなように生きていい。嫌いな仕事を無理やり続ける必要もない。精神的には楽にしてくれました」

そういうことなのだろうか、とも思う。別れ際、小説の投稿サイトのアドレスを教えてくれた。そこに彼の小説が載っているという。原稿料があるわけではないが、読者とのやりとりもあるという。なんでも二十万字を超える長編だという。僕はSFバイオレンスという分野に疎く、どう読んだらいいのか、手をこまねいているが。

BANGKOK
THAILAND

第4話
心の闇

◈タイ・バンコク

▼自殺願望

バンコクのカオサンにトラベラーズロッジというゲストハウスがあった。一時期、この宿は、カオサンにある日本人宿のなかでいちばんの人気を集めていた。

この宿ができて半年ほどが経ったとき、僕も見学させてもらったことがあった。ドミトリーという二段ベッドが置かれた部屋が中心だったが、女性専用フロアーが当時のカオサンでは出色だった。洗濯機や屋上の物干しもあり、ひとりにひとつの鍵がかかるロッカーも用意されていた。

それまでのカオサンのドミトリーといえば、男女相部屋が当たり前だった。欧米の女性はそこで平気で着替えをし、そこに出くわしたアジアの男の子は心が千々《ちぢ》に乱れるという構造がドミトリーの基本だった。しかし、その世界に堂々と入っていけないのが日本の女性だった。そういう需要に応えてくれたわけだ。

ひとりにひとつのロッカーもドミトリーのトラブルを解消してくれる。ゲストハウスの空気が一気に険悪になるのは、盗難事件が起きたときだ。ドアのないベッドがあるだけなのだから、基本的には誰でも人の物を失敬できる環境にある。ひとつ物がなくなると、誰でも疑われてしまうのだった。

宿を任されているのが日本人で、客は日本人ばかりという館内もカオサン初心者には安心材料だったのだろう。一時期、この宿は満室状態が続いていたように記憶している。

一階にある食堂は、カオサンにやってくる日本人の溜まり場的な存在になっていた。僕もこの食堂でシェイクやビールを飲んだ。

そこで慶子さん（仮名）という二十九歳の女性と会った。色白のぽっちゃりとした顔立ちをしていた。その場には何人もの日本人がいたのだが、彼女はビールを飲みながら、

「私、自殺願望があるんです。でもタイに来ると死ねないんです」

周りではこの食堂に集まった連中の話し声が渦巻いていた。そのなかで慶子さんはまるで自己紹介をするかのように自殺を口にした。僕はなんと受け答えすればいいのかと、返答に詰まった。

カオサンではときどき、思い出したように自殺が起きる。僕がここを訪ねる少し前にもひとりの日本人が自殺した。若い女性だったが、たまたま彼女とメールのやりとと

りをしていた男性からその話を聞いた。しかしカオサンの外こもり組にその一件を訊いたが、誰も知らなかった。おそらくあまり表沙汰にしないように警察が動き、カオサンの噂話になることもなかったのだろう。そう考えてみると、僕が考える以上に、カオサンでは自殺が起きている可能性があった。さして広くもない一帯なのだが、この種の話は外に漏れることなく終わっていることが多いのかもしれなかった。

僕がトラベラーズロッジで話を聞いていたのは、二〇〇五年にインド洋のスマトラ沖で起きた地震から十カ月ほどがすぎた時期だった。タイのプーケットに津波が押し寄せ、多くの犠牲者が出た。海外旅行に出かけ、音信不通になっている日本人は百人以上はいるといわれる。この津波の後も、音信不通の子供を捜す日本人の親が何組もカオサンにやってきたという。津波の犠牲者のなかに、自分の子供がいるかもしれないと考え、その情報をカオサンに探りにきたのだ。トラベラーズロッジにも、「安否確認をしましたか?」というポスターが貼り出されていた。

しかしこの食堂にいた若者の多くは、日本の両親に連絡はしていなかった。おそらくそういうレベルの問題ではなかったのだ。外こもり組にしても、頻繁に日本の両親と連絡をとるようなタイプではなかった。なかには家族と断絶状態になっている人もいた。

鬱になってしまったのか、自殺を口にするようなタイプにしても、親に居場所を伝えることはないだろう。両親とそんな関係を保てるのなら、わざわざカオサンまで来て、自殺など口にしないはずだった。

カオサンの外こもり組は、カオサンで死んでいった何人かの日本人を知っていた。自殺した人もいれば、日本に戻る飛行機に乗るために空港に向かうバスのなかで息を引きとった旅行者もいた。数からすればそう多くない気がする。むしろカオサンは、どこか生きるエネルギーが減ってしまった若者を蠱惑《こわく》する。自殺という発想があっても、その手前で立ちすくんでいるようなタイプを引きつけてしまうところがある。

カオサンに長い外こもり組は、そんな人としばしば出会っている。

「この前もランブトリー通りの屋台でひとりの日本人に会ったんです。飯を食っていると向こうから話しかけてきて。ちょっと酔ってるみたいだったけど。急にこんな話をするんです。どこかで死のうと思ってバンコクに来たって……。でも、カオサンに来て、だらだらしているうちに元気になってきて、自殺を諦めたっていうんです。これを誰かに話したいらしくて……。鬱を通りこして躁状態になっちゃったんでしょうかねぇ。でも、こういう話、ほかでも聞くんです。意外と多いのかもしれませんね」

カオサンの日本人宿は、その管理を日本人に任せるときがある。任される人はその宿の常連で、完全な形ではないにしても、外こもり傾向が強い人が多い。日本で金を貯め、半年といった単位で馴染みのゲストハウスにやってくる。そこでうだうだしているわけだ。そのうちにオーナーから、

「管理人やってくれない」

と声がかかるわけだ。彼らはビザなしか観光ビザだから、正式には働いてはいけないのだが、みつからなければ問題にはならない。なかには宿代無料といった条件で話がつくケースもあるという。宿泊客は二十代の若者が多いから、その管理人となると、三十代、四十代といった年齢が望ましい。外こもり組がピタッとその需要に合ってしまうわけだ。

彼らはいまの宿泊客の顔を覚え、一応、その素行をチェックしなければならない。ドラッグ類などをもち込み警察沙汰になると、ことが大きくなるからだ。そんなひとりから話を聞いたことがある。

「もう半月近くいるお客さんで、毎日、きちんと宿代を払ってくれる三十代の男性がいたんです。はじめてカウンターに来たときは、なんとなく目が虚《うつ》ろで、ちょっとやばいかもとは思っていたんですけど。毎日、なにもしてないんです。できるだけ声をかけるようにしていたんですけど、一日中、漫画喫茶にいるみたい。先日の夕方、彼

が帰ってきたとき、泊まっている連中と宿の前のベンチでビールを飲んでたんです。誘うと、なんか照れくさそうに頷いて、向かいの売店からひとりでビールを買ってきて。すごい飲むんですよ。十回以上、売店を往復してたかな。強いんですね。ずっと黙って飲んでる。十時頃になって、彼とふたりっきりになったんですけど、彼がぽつんというんです。バンコクで死ぬつもりでやってきたって。理由は訊きませんでしたけど。でも、ここにいたら、ちょっとよくなってきたっていうんです。鬱だったのかもしれないな。彼？　ほかの宿に移ったみたい。ここは若い人が多いから、いづらかったみたい。昨日会いましたよ。表通りのカフェでビールを飲んでた。声をかけると、向こうで手を振ってた。表情もだいぶ明るくなってきたような気がしたな」

カオサンのゲストハウスのあるオーナーにいわせると、春休みや夏休みといった学生が多い時期が過ぎると、ここに集まってくる日本人の年齢が急に上がるのだという。平均年齢にすると、十歳近く高くなるらしい。

ここ数年の傾向で、その人数は日本の景気を反映している気がするという。景気がよくなると増えるのではなく、その逆。会社が潰れたり、リストラに遭ったりした二十代後半から三十代の男がカオサンにやってくる。その意味では、カオサンという土地は、日本の合わせ鏡のような役割を担っているのかもしれない。日本人の後ろ姿をいつも映し出している鏡ということだろうか。

そのなかには、かなり追い詰められている日本人がいる。そしてそのうちの何人かが、この街で蘇生する。カオサンは日本人のあるグループにしたらリハビリセンターのようなものなのだろうか。聖域といった人がいたが、たしかにそんな要素を兼ね備えている。

▼死ぬつもりでカオサンへ

慶子さんが自殺願望という言葉を口にしたとき、僕はこれまでカオサンで目にしたちょっとぎこちない足どりで歩く日本人たちを思い出していた。

慶子さんから聞く話は少し切なかった。

「高校生のとき、ストーカーに遭ったんです。十七歳のときでした。つきまとわれて、最後にはその男のアパートに閉じこめられてしまったんです。二週間、朝、昼、晩ってセックスが続きました。怖くて外に連絡もできない。学校も無断欠席ということになってしまって。親がいろいろかけあってくれたんですが、結局、学校は辞めさせられました。だから高校中退です。それからなんです。なにかなんでもよくなっちゃったっていうか。いつ死んでもいいっていうか……。私、イラストを描くのが好きなんです。将来、イラストを描いて生活できればいいなって考えて、あるイラストレーターの仕事を手伝うことにしたんです。その人がタイ好きで、タイの面白さをいろいろ話してくれたんです。じゃあ、一回行ってみようかと思ってタイに来ました。十九歳のとき。本当に楽しかった。やっと自由になれたっていうか、ようやくひとりになれたっていうか。周囲の目を気にしなくてもいい。楽ちんだったんです。旅をするってことで救われた気分、わかってくれますか？　それからです、タイに通いはじめたのは」

慶子さんがビールを飲んでいたのは、トラベラーズロッジの一階の食堂だったが、彼女はそこに泊まっていなかった。日本人で染まった宿はどうも苦手らしい。この食堂から二、三分歩いたところにあるゲストハウスに泊まり、毎日、ここに通ってくる。だったらここに泊まっても……と思うのだが、彼女はそういうつきあい方しかできないようだった。話し相手との距離を測りながら、自分の感覚に合う人とだけ会話を交わす。人間嫌いと人懐っこさが同居している。人間誰しも、そんな部分はもっているのだが、彼女のそれはことのほか激しい気がする。

僕が会ったとき、慶子さんは二十九歳だった。毎年、タイに通ってくる生活を十年近くも続けている。はじめの頃はタイ国内をよく歩いた。外こもりではなく、タイ好きの旅行者だったのだ。しかしそのうちに、カオサンから一歩も出ない日々になってしまった。宿に泊まり、この食堂でビールを飲む毎日をただすごしている。

「私、最近、一カ月以上タイに来ることができなくなっちゃったんです。カオサンにずっといるのもそんな事情があって。それにタイはだいたい見ちゃったし……。私、生活保護を受けてるんです。月に一回、福祉事務所の人が訪ねてくる。そのときはアパートにいなくちゃいけないから。本当はその間にバンコクに来たりしたらいけないらしいんですけど。私、すごい睡眠障害があるんです。ちょっと仕事をはじめようとすると、激しい動悸が起きてしまう。なかなか仕事に就けないんです。ずっと前から精神科の先生にかかっています。先生もバンコクに行って楽になるんだったら行ったほうがいいっていってくれてます。日本にいると、死にたい衝動が出てきちゃうから……。不思議なんです。カオサンにやってきて、ダラーッとした生活をしていると、死にたい気持ちがスーッと消えていくんです。やっぱりタイは楽なんですよ。日本でどうしてるって？　引きこもりです。誰とも話しません。出かけるのはスロットかパチンコだけ。毎日、台に向かっているだけの生活です。話し相手は誰もいませんから」

▼タイで心のリハビリ

精神を患い、仕事ができなくなってしまった人たちのなかに、生活保護を受けるケースがあることは僕も知っていた。精神科医にしたら、生活の心配はせず、治療に専念できる環境と考えていくと生活保護になびいていってしまうという。そしてその治療先が、タイのカオサン……。外こもり組との違いは、カオサンでの生活費を自分で稼ぐか、福祉に頼るかの違いだけである。

鬱に代表される心の病は、タイや沖縄などのアバウトな雰囲気がある南の国に行くと改善されるような気になるといわれる。僕の周りにもそういう人は多い。ほとんどが仕事が原因で、精神に変調をきたしてしまったタイプだ。

「タイへ行って一カ月ほどぶらぶらしていたら、すっかり元気になりましたよ」

そんな話を耳にするとき、いつも思ってしまうことがある。それは状況をすり替えているだけではないか……と。タイが治してくれたのではなく、仕事を離れてタイに暮らしたからではないかと思うのだ。タイは物価が安いし、慣れてくれば暮らしやすい国だから長期間滞在することができる。それがいちばん効いたのではないかという気がする。タイにいる間に、日本が変わったわけでもなく、仮に休職していただけなら、同じ仕事が待っているのだ。本人が変わらなければ、本質的に病が治ったとはいえないだろう。もしタイで心の病が治るのなら、もっとたくさんの人がタイに押しかけるはずだ。

本当に元気になったというなら、タイの暮らしにどっぷりと浸り、

「ああ、こうやっても生きていけるんだな」

といった意識の変化が必要だろう。いってみれば人格が変わっていくことであって、そのためには一カ月という月日はあまりに短い気がする。

▼息苦しくなったら、顔を出して泳げばいい

アジアの旅というものは、どこかそんな要素をもっている。僕は若い頃からアジアに通ってきた。はじめの頃は、そんな意識が強かった。東京での仕事に疲れ、重い体を引きずるようにしてタイのバンコクに向かう飛行機に乗る。バンコクは決して清潔

な街ではなく、喧噪《けんそう》が渦巻く都会だが、そこに飛行機が着き、安宿での日々がすぎていくと、体がなんとなく軽くなっていくのがわかった。僕はそうして、二十代から三十代の間の心の均衡を保ってきた気がする。

たとえばそれはこんなことだと思う。

一度、ひとりのタイ人が東京にやってきた。僕の家に遊びに来て、当時、小学生だった娘が通っていた水泳教室を一緒に見にいくことになった。プールサイドから見ていると、まだ幼い娘が、先生にクロールの息継ぎの方法を習っていた。それを見ていたタイ人の知人がぽつりとこういうのだった。

「どうして息継ぎ方法を小学生から習うの？　苦しかったら顔を出して泳げばいいじゃない」

大変なことはできるだけ避けようとするのがタイ人の発想である。僕はそういう彼を見ながら、つまりはそういうことなのかもしれないと思ったものだった。日本人は息の吸い方がうまくできずに悶々と悩み、その挙げ句、心の均衡を欠いてしまうような民族なのだ。

たとえば日本の会社に入社すると、その世界のプロになれといった教育を受けていく。セールスの仕事をするなら、その商品の専門家にならないと売れ行きは伸びないのだ……と。バンコクに暮らしていたとき、妻がデパートに幼い娘のパンツを買いにいった話は自著でも以前紹介した。妻はデパートの子供の下着売り場で店員に訊いた。

「三歳の女の子なので、もう少し小さいサイズのパンツはないでしょうか」

すると店員は、妻がすでに探した下着売り場に手を伸ばした。やはりなかった。するとなにを思ったのか、大人用のパンツを手にとって、

「少し大きいけど穿けるんじゃない」

というのだった。妻は溜息をついた。

「どこかに在庫のパンツはないんですか。裏の倉庫とか」

すると店員は涼しい顔でこういったのである。

「在庫はどこにあるのか知りません」

家に帰ってきた妻は、

「あれでもデパートの店員なの？」

と憤懣《ふんまん》やるかたないといった体《てい》で訴えるのだった。

それがタイだった。それでも十分にデパートの店員としてやっていくことができるのがタイという国の感覚だった。

そういう世界に触れ、日本で俺が悩んでいたことはいったいなんだったのだろうか……と一気に肩の力が抜けていく。そんな脱力が楽にしてくれるのだ。

しかしそんなタイの流儀をしっかりと身につけてしまうと、今度は日本という国で働くことが難しくなってしまう。僕のように、

「これからはだめな日本人でやっていけばいいんだよな」

と自分にいい聞かせて帰ってくれれば、少しはタイの効果もあるのかもしれないが、

「元気になって帰ってきました」

というだけなら、またどこかで落ち込んでしまう気がするのだ。

外こもり組は、そのあたりがわかった人たちなのかもしれなかった。いや、何回かタイと日本を往復するうちに、いまの場所に落ち着いてしまったということなのかもしれない。だから日本では、金を稼ぐだけに徹しようとする。それ以外の仕事のスタイルとか責任といったものは一切排除し、まるで工場のロボットのように体を動かすのだ。そういう働き方が、いちばん日本という国の流儀に染まることなく金を稼ぐ方法なのだろう。仕事の評価もせず、愚痴ひとついわない。そうしなければ、バンコクに戻ることだけを念じて仕事に打ち込めないのだ。

死ぬつもりでバンコクのカオサンに流れ着いたという日本人は、タイという国とタ

イ人に幻惑され、しだいに元気をとり戻していく。しかしそれは、タイという国が演出してくれる舞台で踊っているのにすぎない。どこかやっていけそうな気になって日本に帰ったとしても、待ち構えているのは、心の均衡を狂わせ、自分自身を弾き出そうとした不寛容な社会なのだ。

彼らはまたタイにやってくるのだろうか。やがてその回数は増えていくのかもしれない。そのうちに、日本とタイのバランスが決まっていくのだろうか。ベースを日本におき、あくまでも旅行者にこだわる人もいるだろう。人によっては外こもりに近づいていってしまうのかもしれないが、それが心のバランスを保つ支点なのだろう。その点がみつかればなんとかやっていける気もする。

日本で生きていくことはつらいのかもしれないが、日本人であることを捨てることもまたできないからだ。

▼変わりゆくカオサン

久しぶりにカオサンを歩いた。それも隈なく。外こもり組がいた時代を懐かしんで

ワット・アルン。カオサンからそう遠くない

……というわけでもなかった。

僕は長く、『歩くバンコク』という地図型ガイドの編集にかかわっている。その地図のチェックをしなくてはいけなかった。この仕事は原則として、その街に住んでいる日本人に受けもってもらっている。以前はフクちゃんや、次章で登場するジミー君も協力してもらった。しかしいま、カオサンを根城にする日本人が見当たらなくなってしまった。地図チェックの仕事が、僕にまわってきてしまったのだ。

バンコクに行ったらカオサンに泊まる――そんな知り合いがかつては多かった。彼らはいまでもバンコクにときどき向かう。しかしカオサンに泊まる人はわずかだ。

「カオサンが変わっちゃいましたから。もうあそこは、タイの若者の遊び場。僕らが行くようなところじゃありません」

そんな報告を受けることが多かった。僕もカオサンから足が遠のいてしまっていた。

一軒、一軒の店やゲストハウスをチェックしながら、カオサンの変化が少しわかってきた。タイの若者向けの店が目立つのは、カオサン通りだった。カオサンの中心である。しかしカオサンという街は、周囲に増殖している。その世界に入ると、バックパッカーたちが多くなる。店の前のテーブルでビールを飲んでいるのは、昔ながらの旅行者だった。

「泊まっているのはシーロム通りのゲストハウス。夜はだいたいカオサンにきてる。チャオプラヤー川のボートに乗ってね。カオサンは楽だよ。英語が通じるし、シーロム通りやスクムヴィット通りより安いし。あっちは観光客向けの高級店が多いから」

ひとりでビールを飲んでいたスイス人はそんな話をしてくれる。彼らにとって、バックパッカーの街としてのカオサンは健在のようだった。

日本人もいないわけではない。しかし目にはいるのは、女性のふたり連れかカップルだった。どう見ても短期の滞在組である。まあ、昔からこの傾向はあった。ランブトリー通りやソイランブトリーで店の前にせり出したテーブルに座っていたのは、そんな日本人が多かった。

「ここが有名なカオサンか……」

といった表情で周囲を眺めていたものだった。カオサンに暮らすように滞在し、この街の情報を発信していた日本人たちは、路地を入ったゲストハウスでぼんやりと座っていた。店でビールを飲むというより、ゲストハウス前の階段やちょっとしたスペースに集まっていた。

路地に入ってみる。冷房の室外機から出る熱風に晒されながら、路地を進んでいく。

「ない……」

ママズ・ゲストハウスはシャッターが閉まり、看板もなかった。この宿の前がある時期、日本人のカオサン沈没組の溜まり場だった。フクちゃんとよくビールを飲んだのも、ここだった。周囲には何軒かのゲストハウスがあった。日本人たちはそこに分散するようにして泊まり、このあたりでだらだらしていた。腹が減れば、ランブトリー通りに出て、安いそばを啜る。そんな日々をすごしていた。彼らが泊まっていたゲストハウスは、一応、灯《あかり》がついているから営業はしているようなのだが、人の気配がなかった。

タナオ通りを越えた路地にあるナット2ゲストハウス周辺も、もうひとつの溜まり場だった。一度、この周辺のゲストハウスで日本人が自殺した。その話を訊きに、僕も何回かこの界隈に足を運んだ。

ゲストハウスは健在だった。しかし人が少なかった。宿の前にはテーブルが出、そこに日本人たちが座っていたものだが、誰もいなかった。しんとしているのだ。

そういうことだった。カオサンが衰退したわけではなかった。欧米人たちは、相変わらずこの街に集まっていた。バンコクがはじめてという日本人の若者もやってく

バンコクは運河の街でもある。その暮らしも残っている

仏教文化、高層ビル街、そして昔ながらの下町。それらが入り混じるバンコクという街

る。ただすっぽりと抜けてしまったのは、カオサンに何カ月も滞在していた日本人たちだった。当時はかなりの数の日本人の沈没組が路地裏に巣くっていた。

そんなひとりはこういった。

「バンコクが好きなわけじゃないんです。カオサンが好きなんです」

カオサンに二カ月滞在していた女性はこういった。

「毎年、三カ月はカオサンにいます。このまったり感がたまらない。ほかのゲストハウス街には、この空気がない」

あの時代はいったいなんだったのだろうか。

再びカオサン通りに戻った。人気のクラブから、服が揺れるほどの大音響が路上に響く。タイ人の呼び込みが耳に痛い。

BANGKOK
THAILAND

第5話
梁山泊

◈タイ・バンコク

▼少しでも安い宿で、一日でも長く留まりたい

ジミー君は、カオサン外こもりの草分けといってもいいかもしれない。一九六二年生まれ。僕が彼のことを、『日本を降りる若者たち』で書いたとき、すでに四十五歳だった。彼は紆余曲折こそあるものの、日本で集中的に働き、バンコクでだらだら暮らすというスタイルを守っていた。かつてはカオサンのテラスゲストハウスが常宿だったが、その後、バンコク市内のアパートで暮らしていた。

外こもり組はカオサンから離れはじめていた。かつてはカオサンにさえ行けば、暇そうにゲストハウス前のベンチに座る彼らに出会ったものだが、いまはその姿もまばらになった。彼らの多くがアパートに移っているのだ。

ゲストハウスのドミトリーは、基本的にプライバシーがない。自分のスペースはベッドひとつ分にすぎない。個室を借りても、そこは歩くスペースがないほど狭い。外こもり組は、そんな生活に疲れてきたのかとも思ったが、話を訊くと、単純に宿代だった。

彼らは日本で稼いだ金で、一日でも多くバンコクにいたい。できるだけ働きたくないのだ。そのためには、部屋にプライバシーがなかろうと、息が詰まるほど狭くても我慢する。しかし、もっと安いところがあると聞くと、敏感に反応する。バンコクも物価が少しずつ上がり、カオサンの宿代も上昇傾向にある。そこで彼らがみつけたのは、安いアパートだったのだ。

ジミー君が借りたアパートは、一カ月三千二百バーツだという。一日に換算すると百バーツほどになる。ゲストハウスの個室に泊まるより安いのだ。ただそれだけのことだった。

しかしそれぞれがアパートに分散してしまうと、彼らと連絡をとるのに時間がかかるようになる。彼らの多くは携帯電話ももっていないし、部屋に電話があってもまず出ない。バンコクでは引きこもり傾向が強い。連絡手段はメールだけというタイプが多いのだ。まずメールを送り、返事を待たなくてはならない。

しかしジミー君は携帯電話をもっていた。そのあたりが、最近の外こもり組と、外こもり第一世代との違いかもしれなかった。

▼旅先でえられる達成感

ジミー君が大学を卒業したとき、日本はまだバブルに浮かれていた。絶頂期といってもよかった。一九八八年である。彼もほかの学生と同じように就職活動をし、電機部品を扱う中堅商社に入社した。大学を出たら、きちんとした会社に就職する……彼も当時は常識に流されて生きていた。年功序列と終身雇用がやがて崩れていくことなど日本人の多くは考えてもみない時代だった。

就職を前に中国旅行に出た。北京、西安……。中国の列車の硬座に二十四時間揺られた。硬座という席は、日本でいうと二等の普通席に当たる。つまりはいちばん安い席だ。当時の中国の交通事情はかなり劣悪だった。狭いベンチのような座席に押し込まれ、身動きがとれないなかで長時間を耐えなければならなかった。しかもその硬座の切符を一枚買うことすら大変だった。

そのなかで運がよかったのか、彼は硬座切符を手に入れた。そして中国人との押し合いへし合いを続ける。ガイドブックに、「大変だ」と書いてあることを、ひとつクリアーする。その達成感がたまらなく面白かった。ハードルをひとつ、ひとつ越えていく楽しさといったらいいだろうか。海外旅行がこんなに楽しいものだとは知らなかった。

しかし彼が手にしていたのは、一回限りのパスポートだった。就職したら海外旅行などできないと思っていた。最初で最後の旅のつもりだったのだ。

それは、新卒の新入社員が誰しも抱く感覚なのかもしれない。ジミー君が配属されたのは営業部門だった。与えられた仕事はあまりに狭い世界に映った。電機部品を売り歩いていく毎日が、彼にはそう見えたのだ。売り上げの数字がすべてだった。大学で社会の枠組みを学び、ダイナミックにビジネス社会を渡り歩くことを描いて入社する社員は、仕事というものの現実の矮小《わいしょう》さの前で戸惑うものだ。新入社員に面白い仕事があてがわれるわけもなく、経験を積ませるつもりで泥臭い営業の現場を踏ませるのも、日本の会社の常套《じょうとう》手段だった。

そこにひとつの転機があったのかもしれなかった。ジミー君は会社のなかで、「やってやろうじゃないか」という意気込みがどうしても湧いてこなかったといった。

上司とはウマが合わなかった。ヒステリックなところがある人だったようで、部内はいつもぎすぎすしていたという。先輩はそのなかでプレッシャーをかける。ときに社内ではいがみ合いが起きる。そんな空気のなかでも彼はどこか醒《さ》めていた。

「細かなことで、どうしていがみ合わなきゃいけないんだろう」

うまく立ちまわっていくタイプと、ある時点で立ち止まってしまうタイプ……たしかにサラリーマンにはふたつのタイプがいる。ともすれば、それは要領のよさと悪さのようなことでくくられてしまうのかもしれないが、実際はそう明快に割り切れるものでもない。上司としばしば衝突していくようなタイプが勤め続けることはよくあることで、無口で従順そうな人がある日、突然、辞表を出すこともある。昔、僕も勤めていたとき、単純なタイプを装えと先輩からいわれたことがある。

「なんの疑問ももたずに従う奴がやはり可愛がられるんだよ。つまり悪い意味で体育会系。サラリーマンの処世術さ」

人それぞれ、組織のなかで悩み、それなりの落としどころをみつけていくのだろう。しかしジミー君の話を聞くと、いともあっさり、入社した年の暮れに会社を辞めてしまっている。

「会社で嫌なことがあると、つい中国の旅を思い出していましたね。ああいう達成感のある旅への思いが募っちゃったんですよ」

しかし彼は、いままでいうフリーターとかニートといった道を選んだわけではなかった。いまならそんな選択肢も想定したのかもしれないが、一応、次の勤め先をみつけた上での退社だった。紹介された仕事は、自分が卒業した大学の図書館の臨時職員だった。そのまま勤め続ければ正社員への道もないわけではないという話だった。彼にしても正社員へのこだわりはまだもっていたのだ。

仕事は大学図書館のカウンターに座り、本の貸し出しや返却を処理していくことだった。魅力は大学の休みに合わせて、年に二回、それぞれ二カ月、つまり年に四カ月休めることだった。職員たちは皆、やる気がなかったという。生活の安定だけを考えて、日々の仕事をこなしていく日々。彼は大学職員たちを、「腐った構造のなかで生きる給料泥棒」というが、彼にしても、大差がないところがあった。年に二回、旅に出ることができる都合のいい仕事にすぎなかったのだ。

まず中国に行った。そしてタイと南下していく。その後、深くかかわるようになるこのタイという国との出会いは一九九四年である。

この大学図書館には七年勤めた。その間には恋愛もあった。すでに三十歳になっていた。当然のように、正社員という話は頭のなかにちらついてくる。大学図書館の臨時職員になったとき、正式な職員への道という話もあったが、そんな動きはなにもなかった。正社員でなくては結婚はできない……彼はそう思い込んでもいた。正社員になるためには、図書館勤務を辞め転職することしかなかった。旅も難しくなるだろう。結局、尻つぼみになっていく恋愛だった。

大学図書館に雇われる職員の構成が変わってきたのもその頃だった。彼は臨時職員という肩書きだったが、そこに派遣社員が加わってきたのだ。雇う側にしたら、アルバイト扱いといえども、長期になると雇用保険や健康保険などが気になってくる。いくつかの判例を通して長期間のアルバイトは敬遠される傾向にあった。工場などは受注の量に対応できる人事システムを標榜《ひょうぼう》していた。つまり社員として雇ってしまうと、仕事が少ないときも給料を払い続けなくてはならない。仕事の量によってスタッフを自由に増減できるスタイルを求めるなかで、労働力を派遣してくれる会社が急成長してくるのだ。

当時、派遣社員は企業の収益を上げる有効な手段としてもてはやされていた。日本という国の企業は、そういう流れに迎合していくことが多い。大学図書館という職場が、派遣社員を受け入れるスタイルに向いているのかどうかはわからないが、ジミー君の勤務先にも、その波が打ち寄せてくるのだ。結局、その流れに押し出されるように、彼は大学図書館を辞めてしまう。これからは派遣社員でこなしていくので……という空気を察してのことだった。

図書館を辞めたのが一九九五年の十二月。そして翌年、ジミー君はタイに八カ月滞在する。外こもり生活がはじまったわけだ。

▼九十キロには、冷房だけは欠かせない

そのとき彼が泊まっていたのが、テラスゲストハウスという宿だった。僕もこの宿に、彼を何回か訪ねたことがある。すでにジミー君が外こもり生活に入って何年かたったときだった。はじめて訪ねたときは、一階が旅行代理店だった。その奥に行くと、トイレとシャワールームがあり、その横の狭くて急な階段を昇ると薄暗い廊下があった。

部屋はその廊下に面して並んでいた。七室あった。ひとり用の部屋の広さは三畳ほどだっただろうか。そこに一枚のマットレスが敷いてあった。

「ベッドを置けないんです。その上に立つと、隣の部屋がのぞけちゃうもんですから」

ジミー君はそういって部屋の構造を説明してくれた。おそらくタイにいまでも残る

シナ宿の設計にヒントを得たつくりのようだった。シナ宿というのは、昔の中国にあった昼寝もできれば、泊まることもできる宿で、部屋の壁が天井にまで達していないことが特徴だった。天井の手前三十センチほどのところで壁は終わっているのだ。どうして昔のタイ人がこういう部屋のつくりにしたのかは知らないが、その空間があるおかげで、隣室の部屋の音が筒抜けになってしまうのだ。ついでにいうと、隣室の蚊も入ってきてしまう。いくら部屋で殺虫剤を撒《ま》いても、さしたる効き目もなかった。

このゲストハウスは、タイの懐かしシナ宿をレトロチックに再現したわけではなかった。冷房だった。各部屋に冷房を設置すると宿代はかなり高くなってしまった。そこで一台の冷房の冷気を各部屋に届くようにするために、天井部分が開いている部屋の構造は好都合だったのだ。これで当時としては、冷房付きで百五十バーツ、つまり日本円で一泊四百五十円ほどの部屋が実現したわけだ。

カオサンに長く滞在すると、こんな情報が入ってくる。

「冷房付きで百五十の宿があるらしいよ」

その値段と冷房という二文字に吸い付けられるように、外こもり組が集まってきたらしい。

しかし一般の感覚からすれば、これを冷房付きといっていいのか、少し戸惑うところだ。強弱を調整できるわけでもなく、冷風は隣の部屋の天井近くから流れ込んでくるだけなのだ。おそらく部屋によって、その室温はかなりの差があった気がする。しかしカオサンという街の、レベルの低い施設競争からすれば、この宿は立派に冷房付きだった。

ジミー君はことさら、この冷房にこだわっていた。彼は体重が九十キロを超える肥満体である。その体にバンコクの暑さは相当にこたえるらしい。冷房が付いて、一泊五百円もしないこのテラスゲストハウスは、常宿になる資格を十分に備えていた。

狭い部屋では満足に話もできなかった。マットレスの横に、かろうじて椅子がひとつ入るスペースはあるのだが、そこにひとりが腰かけると、もうひとりはマットレスの上に座らなければならなかった。僕らはよく、階段を昇った右側にある物干し場で話をした。そこがこの宿の住人たちの情報交換の場所でもあった。物干し台からは、裏にある小学校がよく見えた。そこからは、元気で健康そうな子供たちの声が流れてきたが、この宿に巣くう男たちは、昼すぎにのこのこ起きるような生活を繰り返していた。

▼観光ビザ滞在を繰り返す

外こもりを社会現象的にとらえるなら、一九九六年前後がそのはじまりの時期にあたる。そこにはいくつか条件が重なってくる。

それより二年ほど前、タイ政府は日本人に対してビザなしで一カ月滞在を許可するようになる。それより前は、ビザなしで滞在できたのは二週間ほどだった。ビザというものは、二国間平等が原則である。タイが日本人に対してビザなしで一カ月滞在を許可するなら、日本もタイ人に対して同じように滞在許可を出すという形になっている。しかし当時、日本はタイ人に対し、一日の滞在でもビザを要求していた。その条件も、普通のタイ人ならほぼ不可能と思えるほど厳しかった。身分証明、渡航費があることの証明、給与証明、日本での滞在先、日本での保証人など、これ以上は思いつかないほどの書類を要求していた。これは当時、日本に三十万人はいたといわれる不法滞在の外国人を、まずビザの段階で防ぐ目的だった。それでも日本には三万人ほどのタイ人が不法滞在者として働いていた。その意味では、タイ政府が日本人に対して

高度成長を享受するバンコクの若者たち。彼らの日本人観も年とともに変わってきた

ビザなし一カ月の滞在を許可したことは、不平等な関係を覚悟の上での話だった。タイという国の収益のなかで、観光収入は大きなウエイトを占める。日本人観光客が落とす金は、そのなかでもトップクラスだった。タイ政府は、国家間のメンツよりも実利を選んだということだ。ビザがなくても一カ月の滞在が許可されれば、ほとんどの日本人観光客はビザをとらずにタイ旅行を楽しむことができた。

そこに目をつけたのが、外こもりの草分け世代だった。それまでタイに長期で滞在するためには、二カ月の滞在が許可される観光ビザをとり、それを延長し……という面倒な手続きが必要だった。就労ビザの手前のカテゴリーに相当するノンイミグラントというビザをとる人もいた。そのためには、タイの企業の保証書が必要だった。そんな手続きを嫌い、ビザなしで通そうとすると、二週間に一回、海外に出なければいけなかった。

一カ月滞在がビザなしで許されることは、長くタイに滞在したい人を刺激した。一カ月に一回、海外に出なければならなかったが、四カ国と接するタイの場合、それほど大変ではなかった。一般的にはアランヤプラテートからカンボジアのポイペトに出る方法だった。バンコクから日帰りも可能だった。一歩でも海外に出ればいいわけで、再びタイに入国するとき、一カ月滞在を許可するスタンプが捺される。それを繰り返していけば、いつまでもタイにいることができた。

▼カオサンの隆盛

彼らが根城にしたカオサンの環境も整いつつあった。

時代は少し遡るが、冷戦構造が世界を席巻していたとき、東南アジアのいくつかの国は社会主義に傾いていった。ベトナム、ラオス、カンボジア、ビルマ（ミャンマー）などだ。これらの国ではバックパッカースタイルの旅は制限されていた。マレーシアは自由主義圏に属していたがイスラム色が強かった。そうなるとバックパッカーはタイに集まることになり、バンコクにはゲストハウス街が形成されることになる。バンコクで最初にできたゲストハウス街は、ルンピニボクシングスタジアムに近いマレーシアホテルの周辺だった。欧米からのバックパッカーやヒッピー系の若者が多かったが、やがてそこに日本人の姿も見かけるようになる。

ところがそのなかから、日本人の移動が起きる。インド帰りの日本人を中心に、中華街の安宿に移っていくのだ。中華街にはもともとタイ人向けの安宿があったのだが、欧米人はその食習慣や生活習慣の違いから、独自のゲストハウスのほうが居心地がよかった。しかし日本人は中華街での滞在にさしたる不便も感じなかったからなのだろう。

中華街の安宿の中心は、楽宮大旅社であり、ジュライホテルだった。とくにジュライホテルは部屋数も多く、一時はその七、八割が日本人で埋まっていたと思う。僕はどちらかというと、楽宮大旅社派だったが、何回かジュライホテルに泊まったことがある。どちらもお世辞にもきれいな宿とはいえなかったが、ジュライホテルのエレベーターを昇ると、その脇に黒板があり、そこに宿泊者の国名が部屋番号の下に書いてあった。「日」という文字がいつも十個以上並んでいた。

しかし七月二十二日と名づけられた噴水広場に面したジュライホテルは、もうひとつの顔をもっていた。どういうきっかけだったのかは知らないが、マリファナが比較的自由に手に入ったのだ。宿泊する日本人のなかには、それ目当ての人も含まれていた。しかし、タイでも麻薬類のチェックはしだいに厳しくなっていく。このジュライホテルも何回となく警察の抜き打ち検査を受けていた。

たしかな理由はわからないが、ある日、突然、ジュライホテルは閉鎖されることが伝わった。「麻薬のとり調べにオーナーが嫌気がさした」、「カンボジアのプノンペンに新しいホテルを建てる」などといった噂が流れたが、いまだその真相はわかっていない。

それが一九九五年である。

不思議なもので、ジュライホテルが閉鎖されると、この界隈から波が引くように日本人旅行者が消えていった。ジュライホテルの周りには何軒かのシナ宿風のホテルがあった。楽宮大旅社もまだ営業していた。しかし、一度つくられた流れは止まらなかった。それほどまでにジュライホテルの閉鎖はエポックメイキングなことだった。

このホテルに巣くっていたジャンキーたちが大挙してプノンペンに移っていったから、といった噂も流れた。ジュライホテルに居座り、まるで牢名主のように振る舞う日本人が嫌われたという話もあった。しかしいちばん大きな理由は、その頃、急速にゲストハウスが増えていたカオサンが宿代や快適さの面で、中華街以上に充実してきたからのように思う。中華街組は、

「あんな新顔ゲストハウス街なんか行けないな」

といった顔をしながら、結局は快適さに吸い込まれていってしまったのだと思う。

話は少しそれるが、ジュライホテルが閉鎖されてから十二、三年がたった頃、この界隈を歩くと、かつての建物がタイ人のアーティストの手で博物館になっていた。こ

の建物はなんらかの利権が絡んでいるのか、廃業した後も、入口を閉じただけで、建物はそのままになっていた。それが芸術家の感性を刺激してしまったのだろうが、若いタイ人たちには、このホテルは、かつての上海のアヘン窟のように映っているのかもしれなかった。そこにたれ込めていた身としたら、複雑な面もちで博物館になったホテルを眺めた。書き込みが多かった壁も作品になっていた。博物館になったのは二、三カ月間ほどだったようだ。その後はまた無人の建物に戻っている。

カオサンというゲストハウス街の成立には諸説がある。王宮前広場に近いこともあり、昔から一、二軒のゲストハウスがあったようだ。その後、前述のマレーシアホテル周辺のゲストハウスだけでは収容できなくなったのか、カオサンのほうが土地代が安かったのか……。とにかく次々にゲストハウスができあがっていった。

この種のゲストハウス街は、その軒数が相乗効果を生んでいく。ゲストハウスの周辺には、その客を当て込んだ安めの食堂やコンビニ、旅行代理店、土産物屋などが店を構えはじめる。タイという国の経済が好転しはじめ、彼らにも、ゲストハウスや店を出す資本調達が可能になってきたことも拍車をかけたように思う。かくしてカオサンは、バンコク一のゲストハウス街へと膨張をはじめ、マレーシアホテル周辺や中華街にいた旅行者も吸収し、やがて世界一のゲストハウス街に発展していくのだ。

▼時間だけは売るほどある

ジミー君がテラスゲストハウスに出合ったのはそんな頃だった。カオサンのゲストハウスが増えれば、そこで競争が生まれてくる。天井付近の壁をとり除き、そこを冷気が流れるようにして、「冷房付き」と謳《うた》った宿が出現しても不思議はなかった。そしてカオサンを利用する旅行者が増えるにつれ、そんな情報は食堂やカフェのテーブルの上を飛び交うようになる。そのなかから、泊まり客のほとんどが日本人という日本人宿が生まれてくる。あの頃、カオサンには自然発生するかのように日本人専用宿が誕生していた。

テラスゲストハウスもそのひとつだった。同じ日本人宿といっても、それぞれに特徴があった。年齢層が若い宿、インド帰りが多い宿など、それはさまざまだった。そのなかでテラスゲストハウスは、二十代後半から三十代の日本人が集まってきていたように思う。

ジミー君以外の日本人とは親しくはなかったが、この宿の共有スペースである物干し場で何人かとありきたりの話はした。その印象でいえば、バンコクははじめてといったタイプではなく、それぞれの旅のスタイルをもっていた。カオサンの滞在日数も長いようで、彼らのスタイルは旅というより、カオサンで暮らしているようなものだった。

そのなかのひとりが、ゲームを見せてくれた。それは樽型の筒に棒を順に刺し、ある穴に刺してしまうと樽が壊れてその人が負けというものだった。

「これ、タイ人とやると盛りあがると思いまして。東京で買ってもってきたんですよ」

そんな会話が、この宿では普通に交わされていた。

そんなテラスゲストハウスを、ジミー君は梁山泊《りょうざんぱく》といった。

「日本社会からはじきだされたような奴が多かったんです。十バーツラーメンはうまい、まずいっていった会話もあったけど、深夜、真顔で交わされたのは、ソニーの組み立て工場の仕事は楽とか、トヨタは残業が多いっていう話も多かった気がするな」

会話はすでに外こもりのそれだった。日本でいかに効率よく稼ぐか……。そんな情報交換が物干し場を飛び交っていた。勤めていたときに貯めた金でしばらく東南アジア、と思ってやってきた日本人も、

「ほーッ、そんな生き方があるのか」

と目を輝かす。もともと、日本の社会に違和感をもっていた青年ばかりだったから、そこからの話は早かったのだろう。こうして外こもり組が増殖していった気がする。そんな宿が当時のカオサンにはいくつかあったのだろう。

この頃、どのくらいの数の外こもり傾向の日本人がいただろうか。その後、彼らがバンコク市内のアパートに分散する前だから、比較的わかりやすい。これは僕の勘にすぎないが、少なくとも二、三百人の外こもり組がいたように思う。いまはその十倍、いやタイの近隣諸国に巣くう日本人を合わせれば、一万人はいるのではないかといわれる。そう考えれば、まさに創成期だったわけだ。

ジミー君をはじめとする外こもりの草分けグループには、どこか確信犯的な匂いがあった。

当時、日本ではフリーターという言葉はまだ一般的ではなかった。もちろんニートなどという単語も出現していない。彼らは好んで「プー」といういい方をした。プー太郎の「プー」である。定職にも就かず、遊んで暮らす人といった意味になるかと思うが、彼らはよく、

「僕はプーですから」

と自嘲気味に自己紹介した。しかしその言葉の背後には、自分たちのほうがはるかに人間的な暮らしをしているという自負が顔をのぞかせていた。日本から見れば、それは働きもせずにバンコクにいることへの自己弁護のようにも聞こえる。しかしこの街で「プー」といいきることは、どう生きたらいいのかもわからず、カオサンのゲストハウスの暑くて狭い部屋で時間を浪費している若者にしたら、達観した大人のように映ったから、カオサンという街は不思議な街だった。

ジミー君は、カオサンのいいところは「人と出会える街」といった。外こもり組は、日本にいたとき、引きこもり傾向にあった人が多いが、彼らが口をそろえるのは、「日本にいると人と出会えない」ということだった。三十歳近くにもなり、アルバイトがないときなど家にいたりすると、周りからは引きこもりじゃないのといわれ、つい家から出なくなってしまうのだという。部屋で「2ちゃんねる」を見たり、ゲームで遊んだりしてもやがては飽きてしまう。そんな暮らしをしていると、日本では人に出会えないのだという。大学や高校の同級生たちは皆、働いているから忙しくて相手にもしてくれない。

ところがカオサンに来ると、時間だけは余るほどある人が多い。話し相手はすぐにみつかるのだろう。そしてその多くが、日本という社会に生きづらさを感じている若者なのだから、ベーシックな部分で生き方を共有している。話が合うはずだった。日本から眺めれば、それは同病相憐《あいあわ》れむ姿にも映るのかもしれないが、彼らにしたらそこはまさに桃源郷なのかもしれなかった。

そのなかで、日本で稼ぎ、その金でカオサンですごすという生き方を語ることは、どこか吹っ切れた男という潔さを与えたのだろうし、

「ああなれたらいいなぁ」

と憧れの存在にもなったのかもしれない。ジミー君はその後、『バンコク・カオサンプー太郎読本』という本を出版した。その企画や編集に僕もかかわった。内容は「日本で稼いでカオサンで暮らす」というより、カオサンでの暮らし方に傾いたものだったが、同じようにカオサンで暮らす青年たちへの刺激になったことはたしかだった。

彼はそれ以前から、カオサンを中心にしたバスマップを自分でつくっていて、それを知り合いの旅行会社や食堂に置いてもらっていた。彼流のカオサンガイドを書いてみたいということは彼の希望でもあった。

しかし本を一冊出版したところで、その後遊んで暮らせるほど日本の出版事情は甘くはない。彼は本を出した後も、一年に二回ほど日本に帰り、一気に働いてバンコク

での滞在費を稼ぐという生活スタイルを続けることになる。

ほかの外こもり組は、その都度、派遣会社などを使ったり、知り合いの紹介を利用して住み込みの工場で働いたりすることが多いが、ジミー君の場合は、いつも働く場所は決まっていた。お中元とお歳暮の仕わけや配達である。これが一年のなかのサイクルに組み込まれている。つまり夏前と正月前のそれぞれ一、二カ月日本に戻り、そこで集中的に働くのだ。彼はアパートを確保していて、そこに寝泊まりしながら、一気に資金を貯めるのである。

僕はこの種のアルバイトをしたことがないので、それがどのくらいきついのか実感としてつかめない。しかし、ひどいときは睡眠時間が一日三時間ほどになってしまうのだという。彼の本にかかわったこともあり、日本に帰っているときも連絡をとりあうこともあったが、この仕事がはじまると、急に彼が音信不通になってしまった。

バンコクにいるときは、メールを出すときちんと返事が来るし、急ぎのときは電話連絡もつく。しかし日本にいるときのほうが、通信事情はいいというのに、連絡がとりにくい状態が続くのだ。

とくに年末のお歳暮の時期は大変らしい。あるとき、連絡をとらなくてはいけないときがあった。はじめのうちは、携帯電話でもメールでも連絡がつき、その声も普段と変わりはなかったが、十二月も半ばになると、メールの返事も途絶え、何回かかけてやっと聞こえる彼の声は、どこか心ここにあらずといったか弱さだった。声の張りはなく、まったく違う人と話しているようだった。たしかに仕事がきついのかもしれないが、それ以上の重圧に苛まれているような気もした。虚ろなその声を聞くと、相談や仕事の依頼はとてもできなかった。

「つらいんだな……」

受話器を置き、つい呟いてしまった。彼は日本にいること自体がきつそうだった。バンコクで暮らすために、必死で耐える時期。どこか外こもりの舞台裏を見てしまったような気がしたものだった。

ジミー君はよく、「アリとキリギリス」の話をした。夏に働くアリをバカにしていたキリギリスは、やがて冬になると食べ物もなくなり、寒さに凍えるという童話である。そして彼の話のオチは、タイには冬がないということなのだ。つまりアリのように働く必要がないという、どこかバンコクでの暮らしを正当化していくような流れになっていくのだが、しかし彼にもバンコクでは見せないアリの姿があったのだ。睡眠不足の重い体を引きずり、汗水流して配送作業に明け暮れる時期に電話の声だけとはいえ、彼に接することは僕にとってもつらいことだった。

しかしお歳暮の配送作業が終わり、それなりの給料を手にし、バンコクに戻る日が近づくにつれて、彼の声にはしだいに精気が宿りはじめてくる。当時、彼はバンコクで売られている航空券のなかでは最も安いビーマン・バングラデシュ航空を使うことが多かった。週に一便しかないこのフライトが近づくにつれ、彼の声にも張りが戻り、いつものジミー君が蘇ってくるのだ。

外こもりの人生は実に単純だった。働く時期と遊ぶ日々がきれいに色分けされていた。その間を往復していくだけのことなのだ。

「母が体調を崩してしまい、これからは日本滞在期間が長くなるかもしれない」

などと口にする年になってきたが、外こもりの生活を捨てようとはしない。彼を見ていると、日本の暮らしがどうのこうのというより、外こもりの生活が人生になったような気にもなる。今後、どんなできごとが起きるのかはわからないが、彼はこの暮らしにこだわるような気がするのだ。

▼徳島へ

二〇一六年の七月、ジミー君は徳島の病院で息を引きとった。その直前、友だちに、「業務用のアイスクリームを腹いっぱいになるまで食べたい」といったという。

白血病だった。一般的に、この癌治療では、大量の輸血が行われる。それを前に、医師からは体重を減らす指示が出ていたようだ。痩せれば、その分、輸血量を減らすことができる。入院当時、ジミー君の体重がどのくらいだったのかは知らない。百キロは超えていたかもしれない。

「最後まで肥満話だったか……」

輸血を前にダイエットと聞いたとき、そう思った。しかし本格的な治療に入る前にジミー君は目を閉じてしまったという。

最後に会ったのは、二〇一四年の九月頃だったと思う。スクムヴィット通りのショッピングセンターのなかにあったドーナツ屋だった記憶がある。彼のバンコクに来る頻度と日数は減っていた。母親の体調が悪く、介護をしなくてはいけなくなっていた。彼の年齢はすでに五十歳をすぎていた。外こもり組にも介護が降りかかってくる……。考え込んでしまった。そこに前立腺癌が追い打ちをかけた。彼は、「睾丸《こうがん》の癌」といっていた。手術を受け、病状は小康状態を保っていた。その間に彼はバンコクにやってきた。僕は本の企画の話しかできなかった。それを聞く彼の表情には精気はなかった。もう本を書くつもりはないような気がした。こんな話しかできない自分が切なかった。

ジミー君が外こもり暮らしを選んだ背後には、彼の食欲があった。正確な体重は知らないが、人によっては、百二十キロはあるはずといっていた。その体重を支える食欲だった。

彼に連れられて、カオサンの「レックさんらーめん」という店に入ったことがあった。彼は六十五バーツの広東麺と十バーツのご飯を注文した。

「広東麺はあんかけの量が多いから、その一部をこうしてれんげでとって、ご飯の上に載せる。ほら、ミニ中華丼ができあがるでしょ。それを食べて、広東麺を食べる。すごいでしょ」

なにがすごいか、よくわからなかった。しかしそこまでやるジミー君の顔を、しばし見つめてしまったことを覚えている。なんてセコい奴かと思ったが、それがカオサン暮らしの重要な要素だった。日本で彼の食欲を満たす額の五分の一ほどで満足できる食生活が送れる。カオサンは背に腹は代えられないエリアでもあったのだ。

彼の墓は徳島にあった。徳島駅から歩いて向かった。吉野川の支流をいくつか越えた住吉というところにある蓮花寺に墓はあった。訪ねたのは三月だった。四国と聞くと、穏やかな気候をイメージするが、この日は冷たい風が、徳島の街を吹き抜けていた。そのせいか人通りも少なかった。そういえば、彼の口から徳島の話はなにも聞いていなかった。

徳島からバスで京都に出た。京都は彼の拠点だった。というより、バンコク暮らしの費用を、京都という街で捻出していた。彼は大学時代からずっと同じアパートを借りていた。お中元やお歳暮のシーズン、彼はそのアパートに寝泊まりしながら働いた。京都で発行されていたフリーペーパーの配送の仕事もやっていたようだ。

アパートは下京区にあった。阪急の西院駅から、住宅街の間の道を十五分ほど歩いた。彼の借りていたアパートはまだ残っていた。部屋を掃除した知人の話では、トイレが別にある古いつくりのアパートだったという。

息を引きとる一年ほど前から、彼は体の不調を知人には訴えていた。彼は下ネタとセコい旅話で周囲を笑いに誘ってはいたが、ときおり、「しんどい」と漏らしていたという。そして徳島の病院で検診を受け、即、入院になってしまった。それ以来、病院を出ることができなかった。

アパートはそのままにしていたから、また京都で働き、バンコクに向かうつもりだったのだろう。

「いや、あの部屋を片づけろっていっても、ひとりじゃ無理だったんじゃないかな。学生時代からの三十年がぎっしりと詰まっていましたから」

何人かの知人が集まって片づけたという。処分したゴミは、清掃車の三分の二を埋めたという。

そのアパートの前に立った。冷たい風が、しもたや風の家が建ち並ぶ道を吹き抜けていった。

KAMPONG CHAM
CAMBODIA

第6話
詐欺
◈カンボジア・コンポンチャム

▼消えた六〇〇万円

「いまになって考えてみれば、あれは禊《みそぎ》だったのかもしれないと思うんです。日本にいた頃にまとっていた上衣を脱ぎ捨てるっていうか……ね。アジアで生きる儀式だったようにも思えるんですよ」

白戸学《まなぶ》(五十五歳。仮名)は、開店前の居酒屋のテーブルで、お茶を啜りながら、どこか懐かしむような口調でいうのだった。

白戸がバンコクにやってきたのは、二〇〇二年だった。日本では横浜のホテルのコックとして働いていた。和食の担当だった。

店をもつ――。それは白戸の夢だった。しかし母親と同居しているうちに、その機会を逸してしまった。ひとりっ子だった。父は白戸が小学生のとき、交通事故で他界した。それ以来、母は父が開いていた小料理屋をひとりで切り盛りしてきた。東横線の綱島駅から歩いて五分ほどのところにある、小さな店だった。白戸が店を継ぐ話は何回かあったが、地元の常連客だけでもっている店は、母ひとりで十分だった。休みの日に手伝う程度だった。

元気な母だった。しかし十年前、仕事中に突然、倒れた。くも膜下出血だった。常連客からの連絡で病院に駆けつけた。それから十日後、意識が戻らぬまま、あっけなく息を引きとった。

迷いがなかったといえば嘘になる。ホテルを辞め、店を継ぐこともできた。しかしバンコクへの思いを断ちきれなかった。

年に二回ほど、バンコクに遊びに出かけていた。バンコクにひとりの知りあいがいた。不動産会社を経営していた、酒飲み仲間だった。連れだってよく、日本料理屋が集まるタニヤ通りやスクムヴィット通り界隈に繰りだしていた。一軒目はいつも居酒屋だった。

「ここならやっていける」

料理に箸をつけるたびに白戸は呟いていた。材料が手に入りにくいということはあるかもしれないが、味つけがなっていなかった。だいたい味が濃い。だしの使い方も未熟だった。そんな話を何回もした。

「まあ、バンコクは外国だからね。ちょっと味が悪くても、客は来てくれるよ。日本とは競争のレベルが違うんだから。白戸さん、そんなにいうんなら、こっちに店、もてば？　安い物件、探してあげるからさ」

知人は半分、冗談のような口ぶりでよくいったものだった。しかし母が他界し、自分で決断ができるようになると、その言葉が冗談としてではなく脳裡《のうり》に浮かんできた。バンコクは好きな街だった。あそこなら立派な店をもてるかもしれない。

母の四十九日がすぎた翌月、白戸はバンコクに向かった。心に決めてバンコクに向かったわけではなかった。料理にはそれなりの自負もある。しかし店を経営するとなると話は違う。そう簡単には決められなかった。仕入れの問題もある。タイ語はなにも話せないから、従業員に指示を出すこともできない。

ところがバンコク滞在中に、話が進みはじめてしまった。不動産屋の知人が、ひとつの話をもち込んできたのだ。それは一軒の居酒屋を、そのまま引き継ぐという話だった。その店はスクムヴィット通りから延びる路地にあった。営業を続けているが、経営者の日本人が帰国を決め、従業員も含めて売りに出ているという物件だった。それなりに繁盛していた。経営者は日本に一時帰国していたが、店はタイ人だけでまわっている。コックがふたり、フロアに三人。そのうちのひとりの女性は、なかなかうまい日本語を操った。

客を装って何回も店に通った。コックのふたりには辞めてもらい、代わりに白戸がひとりで入る。彼らの働きぶりを見ると、白戸ひとりでこなせそうに思える。もちろんメニューは一新する。客の応対は、タイ人スタッフでなんとかなりそうな気がする。彼のなかで青写真が描かれていく。

六百万円――。それが買いとりの値段だった。

それから半年後――。その金がきれいに消えていた。

「笑っちゃうぐらい単純な詐欺ですよ。いまになって思えばね。居酒屋を従業員ごと売りに出すなんていう話は、もともとなかったんです。知りあいの日本人を、私が信じきっていたんですね。鍵が閉められた不動産屋の前で、一時間ぐらいぼーっと立ってました。なにか食べなくちゃいけないって思って、道の向かいにあった屋台で、こっちのそばを啜りました。金をつくるために、横浜の店を売っちゃったんです。小さな店だけど、親父がつくって、おふくろが継いだ。その稼ぎで、私は学校にも行かせてもらったんです。その店をなくしてしまったことが、なんか……こうね……こみあげてきてしまってね」

白戸に日本に帰るという選択肢がなかったわけではない。しかし彼は帰らなかった。そしてはじめたことは、道端の電柱にチラシを貼ることだった。

――和食弁当、宅配します。「白魚」

白魚は横浜にあった店の名だった。魚料理と苗字の白戸をかけて、父親がつけた店名だった。しかしバンコクに店などない。借りているアパートで弁当をつくる。注文は携帯電話で受ける。資本はなにもいらなかった。もっとも当時の白戸には、金はほとんどなかったのだが……。

弁当の宅配があたったわけではない。ときに駐在員の奥さんたちの昼食会に十個といった注文も入ったが、まったく電話が鳴らない日もあった。それでも、その味をわかってくれる人が少しずつ増えていった。近くの日系企業のオフィスから、定期的に注文が入るようになった。ひとりで配りきれず、バイクタクシーの運転手を昼だけ雇った。

「いま思うとね、この時期にいろいろ勉強させてもらった。悔しさからはじめた仕事だったんだけどね。たとえば弁当を配るバイクタクシーの運転手には、弁当代を受けとらせない……とかね。それは運転手を信用しないってことじゃなくて、この国のルールだってこと。面倒だけど、代金は一週間分とかまとめて自分で受けとりに行く。そうしないと足許を見られちゃう。あのまま居酒屋をやっていたら、売りあげの管理はタイ人に任せてましたよ。それできっと騙されていた。それから賃金の支払いも自分で渡す。この国にはちゃんと階層があったんですね。金を払う人が、金も受けとっ

バンコクの道はときどき水没する。皆、あまり気にしない

て払わなくちゃいけない。日本のように人に任せられないんです。そういうことがだんだんわかってきた。だから褉だと思うんです。日本の慣習をひとつ、ひとつ捨てていったんですよ」

宅配弁当屋はほぼ一年続けた。週に二回ほど弁当を注文してくれる居酒屋の主人から、コックとして入ってくれないかという話が舞い込んできた。給料は四万バーツ、当時のレートで約十二万円。それまでは生活費を切り詰め、月に二万バーツほどで暮らしていた。白戸にしたら文句のない金額だった。

店をもつ——。

コックとして雇われたが、次の年に店長になり、給料は五万バーツにあがった。しかし自分の店をもつという夢は、いまだ実現していない。

「この店のオーナーから、安く譲るから、店を経営しないかっていわれているんです。いま悩んでるんですよ。この店に雇われて、それなりに貯金もできましたし……。もしやったとしても、もう騙されませんよ。バンコクに来て八年……ずいぶん勉強させてもらいました」

▼起業話

細野文彬《ふみよし》（六十七歳）は以前、音響関係メーカーのエンジニアだった。マレーシアの工場に赴任し、日本に戻ると、会社は、当時、盛んにとり沙汰されていたM＆A、つまり合併・買収にさらされていた。人減らしの嵐のなかで、子会社への出向を命じられた。そこで彼を待っていた仕事は、水道の浄水器と英会話レッスン機の訪問販売だった。

エンジニアとしての自負もあった。マレーシアの工場では、責任の重い職務もこなしてきた。そういった経験を完全に無視されてしまった。当時五十歳。まだ子供に金がかかる。しかし、パンフレットを鞄に詰め、一軒一軒、訪ねていく仕事はとても受け入れられなかった。

「退職です。人はわがままだっていうかもしれませんが、我慢できなかったんです。大学を卒業して、ずっと働いてきた会社でしょ。そこがこういうことをするのかっていう思いはありましたね」

転職先があったわけではなかった。しかし出向を受けるわけにはいかなかった。これからどうしよう。家族を養っていかなくてはいけない。おぼろげではあったが、海外という思いはあった。それはマレーシアに赴任していたときに、彼のなかで芽生えはじめていた感覚だった。息が詰まるような日本の会社環境からすれば、どこか風通しのよさを感じとっていた。五十歳で会社を辞めた人間の再就職の難しさも、海外への思いに拍車をかけていた。

それは、仕事で知りあった中国系ミャンマー人からの誘いだった。ミャンマーで投資顧問会社と旅行会社を立ちあげないかという話だった。自分に残されたカードは海外……そう考えていた細野は、その話になびいていく。

ミャンマーの場合、会社設立時には、書類に資本金額を書き込むだけで実際には資金はいらないという。住むところは無償で、月二百ドルのこづかいも支給するという条件だった。

「いま考えれば甘いのひとことですよ。サラリーマンしかやってこなかったから、そんな話に乗っちゃったんですね。契約書ひとつなしに。当時は、これからはミャンマーだっていう話も日本では交わされていましたから。パートナーのミャンマー人は、いくつかのプロジェクトを立てては、日本から投資家を連れてくるんですが、傍で見聞きしていると、妙なんです。計画だけはあるんですが、それを実行しようとはしない。やってきた日本人からいわれたことがあるんです。『細野さん、これは原野商法じゃないですか』って。架空の話で投資を募っていると……。これはまずいと思いましてね、そのミャンマー人とはいったん手を切って仕事をすることにしたんです。雇っていたミャンマー人も、私が中心になってやるんなら、ついていくといってくれましたし……」

しかしそれはオフィスの経営から、スタッフの給与まで、すべてを細野の責任で進めることを意味していた。オフィス開設に百五十万円がかかった。スタッフの月々の給料は総額で十万円を超える。仕事は主に、ミャンマー国内の旅行の手配だった。しかしミャンマーという国に、次々とツアーがやってくるわけではなかった。二、三十人の団体客を受け入れたときはやっとひと息……そんなありさまだった。

当時、細野は月に一回は日本に戻っていた。失業手当を受けとるためだったが、同時に会社の経費を引きだすための帰国でもあった。

眠りが浅い夜が続いていた。給料を払えず、社員から突きあげられる夢をみる。会社は赤字続きで、日本から運んだ金は四百万円を超えていた。音響メーカーを辞めたとき、六百万円の退職金を受けとった。それが月を追うごとに減っていく。いったいいつまでこんなことを続けたらいいのか。儲かる日はくるんだろうか。

失業手当の手続きのためにハローワークに出向くたび、仕事を検索する。出てくるのはガードマンの仕事ばかりだった。

日本に帰ると、旅行会社をまわった。飛行機を乗り換えるバンコクでも、旅行会社に足を運んだ。ミャンマーへの旅の手配の話をするのだが、反応はいまひとつである。

銀行から引きだした金をドルに両替する。その金は、ミャンマーに戻れば、あっという間になくなっていくのだ。

日本から運んだ金は六百万円になろうとしていた。二十年以上働いて得た退職金は、一年半で、ほぼ底をつきそうだった。

細野はミャンマーの会社を閉めた。

「ミャンマー人がやろうとしたことは詐欺まがいでしたけど、私は詐欺に遭ったわけじゃない。やり方が違った。私はきっと、日本流にきっちりやろうとしたんでしょうな。それでいて、経営者としてはまったく未熟だから質《たち》が悪い。サラリーマンがはじめるビジネスの典型かもしれませんね。早く見切りをつければいいものを、ずるずると引っぱってしまった。それで六百万円の金が消えちゃったんです。いつかよくなる、きっと来月は大口の団体が入る……そんなことを考えながら、夜は不安ですぐ目が覚めちゃうんですから。まったく肝が据わっていないんです」

しかしそんな細野を拾ってくれたのもアジアだった。ミャンマーの会社を閉めようとしていたとき、飛行機のなかでひとりの日本人と隣り合わせになった。その男性は、バンコクでアルミ工場を経営していた。彼は会社の総務責任者を探していた。

話は進んだ。年収は五百五十万円。契約は一年。ミャンマーで失敗し、日本に戻ればガードマンしか仕事がないような男に、バンコクから仕事が舞い降りてきたのだ。不思議な感覚だった。

これがアジアというものだろうか。

その後、細野は日本の靴下メーカーのタイ工場の立ちあげを任される。年収は千二百万円にあがった。

しかし細野のアジアとのかかわりには、また別の展開が待ち受けていた。靴下工場の立ちあげの途中、日本に出張で戻った細野は、

「お父さん、話がある」

と妻から切りだされる。妻の口を衝いて出たのは離婚だった。

あまりに唐突なその言葉に、細野は返す言葉もなかった。心の準備はまったくな

い。なんといったらいいのか、言葉が頭のなかで空転するばかりだった。

「一年、待ってくれ」

そういうのが精いっぱいだった。絞りだすような細野の言葉に、妻は冷淡だった。アジアに帰るしかなかった。

バンコクに戻る機内に座っていた。妻はこのタイミングを待っていたのかもしれなかった。妻は細野の父親の介護を引き受けてくれた。しかしその父も他界した。子供たちの就職も決まった。その時期だった。妻はもっと早い時期に、離婚を決めていたのかもしれなかった。

思いだすことがあった。細野がマレーシアに赴任したとき、妻が様子を見にきた。そのとき彼女は、「ここは臭い」といい残して日本に帰ってしまった。

あの頃だったのだろうか……。

それからの細野は、会社とアジアに翻弄される日々だった。アジアに足許を掬われ、同じアジアに拾われた。

飛行機はしだいに高度を下げ、バンコクのドーンムアン空港に到着した。空港からタクシーに乗った。オレンジ色の街灯が、いつも通りの雑踏を照らしている。クイッティオと呼ばれるこの国のそばの屋台からは、湯気がたちのぼっている。気温が三十度を超える路上には熱気が渦巻いている。

「住めば都か」

細野は呟いていた。

彼はいま、バンコクに暮らしている。仕事の一線から退き、年金で暮らすロングステイの身だ。五十歳で退職して以来、十七年間、アジアで暮らしていることになる。

「まだ仕事をしていたときね、タイ人の女性社員が、『私、離婚したの』なんて平気でいうんですよ。私の熟年離婚なんて、まったく意に介さないようなところが、タイにはあるんですよ」

妻から突きつけられた離婚。そんな彼を楽にさせたのも、またアジアだったのだろうか。

▼夢を託した土地を失う

僕には年に一回か二回、休暇のつもりで訪ねる家がある。氾濫原にできた湖に面したその家で、僕は湖面を埋めるホテイアオイをぼんやり眺めながらすごす。ときどき、湖に架けられた短い木製の橋を渡るバイクの音がカタカタと聞こえてくる。

「あの橋もだいぶ古くなりましたね」

「一度、村人が総出で修理していたこともあったんだけどね」

家田順一郎（七十四歳＝当時）が、読んでいた本から顔をあげ、老眼鏡をはずしながら答える。この家は家田が建てた。この家の建設途中から知っている。

カンボジアのプノンペンから、直線距離にして十八キロ。しかしここに来るのに、トラックの荷台に乗って三時間もかかる。途中、メコン川をフェリーで渡る。かつての道は未舗装で、乾季になると土埃で体はもちろん、髪の毛までまっ白になった。雨季になると、トラックが泥に車輪をとられ、立ち往生することも珍しくなかった。夜になると西側の空がうっすらと赤みを帯びる。プノンペンの灯だった。十八キロしか離れていないのだ。しかしここに辿り着くのに、いつもひと苦労する。

この家の入口の門には「信濃荘」という表札がはめ込まれている。カンボジアに来るまで、家田と奥さんが暮らしていた新潟県、長岡のアパートの表札だった。そのアパートがとり壊されることになり、もらってきたのだという。

家田がカンボジアにやってきたのは二〇〇三年だった。そのときすでに六十七歳になっていた。ひとりのカンボジア人青年が彼を出迎えた。日本に留学経験もある青年で、日本でも何回か会っていた。彼の案内でカンボジアを歩く。その間に、この国に暮らすことを決めた。

「長岡での暮らしに飽きていたんですよ。仕事を辞めてから、碁会所通いの日々。朝から碁を打って、近くで昼食。それからまた碁会所。そんな生活でしたからね。いくら年をとったといっても……」

彼の目に飛び込んでくるカンボジアは元気だった。強い日射しがラテライトの道を照らし、子供は裸足で走りまわる。日本では失われつつある人と人とのつながりが、村のなかにしっかりと残っている……。

しかしそこに、カンボジアならではの落とし穴も待っていた。

シアヌークビル。カンボジア南部の海に面した街だ。朝、海沿いの道を散歩していると、岬の岩場の上にある造成地が目にとまった。

「ここに住めたら……」

その土地まで登ってみた。みごとな眺望だった。視界のほとんどを海が占める。ゲストハウスにとって返した家田は、オーナーに訊いてみた。すると、その土地を買うことができるという。縦五十メートル、横七十メートルほどの広さで、売り値は当時のレートで三百数十万円だった。ここにゲストハウスを建て、自分も住む。日本人相手の宿にすれば、小さな日本人村ができあがっていくかもしれない……。

しかしカンボジアでは外国人は土地を買うことができなかった。そこで件《くだん》の青年に交渉してもらうことにした。

この土地のもち主はプノンペンにいた。交渉は順調に進み、家田は土地を手に入れた。そこで彼はいったん帰国した。その間にトラブルが起きた。隣の土地をもってい た中国系カンボジア人が、家田が買った土地にブルドーザーを入れ、整備をはじめたのだ。間に立つ青年が慌てて問い質《ただ》すと、男はなんの疑問もないような顔で、

「ここは俺の土地だ」

といったのだという。

おかしな話だった。土地を売ってくれたカンボジア人の名前は、土地台帳に載っている。しかし別の男が、自分の土地だといい張る。青年に調べてもらった。

そこでわかってきたことは、カンボジアにはふたつの台帳が存在するということだった。

カンボジアはポル・ポト政権を経て、いまのフン・セン政権に移っていた。急進的な社会主義政策を進めたポル・ポト派は、当然のように、すべての土地を国有化した。それまでの土地所有者は、その権利を失ってしまったのだ。しかしその後、ポ

ル・ポト政権は崩壊し、フン・セン時代に入っていく。ふたつの台帳は、そのなかで生まれてしまった。ポル・ポト時代には、多くの人々が命を絶たれた。かつて土地をもっていた人の消息を辿ることは難しかったのだろう。

やっかいなことに、「俺の土地だ」といい張った中国系カンボジア人は、フン・セン政権と通じていた。

裁判という方法もあった。しかしこの種の問題は、なかなか結審しないのがカンボジアだという。有効な方法は、カンボジア式の根まわしだった。政府の役人を接待し、その落としどころを探っていく。その費用は家田がもたなければならない。それなりの高級店での接待になるから、物価の安いカンボジアといっても、一回に二、三万円はかかる。なかなか交渉は進まなかった。あまり強く出ることもできなかった。相手はフン・セン政権とつながっているのだ。

それでも一年ほどは粘ってみた。

その間に、家田のなかにカンボジアが入り込んでくる。それは緑の木々が明るい日射しに照り輝く快活なカンボジアではなく、その背後に潜む暗部とのつきあいでもあった。アジアの国々は、ひとつの境界の先に進もうとすると、日本人にはうかがい知れない毒牙を向けてくるときがある。

家田はその毒を飲み込むしかなかった。

土地代とその後の交渉にかかった四百万円を超える金を諦めるしかなかった。いや、それだけではなかった。彼はもう少し大きななにかを呑み込もうとしていたのかもしれない。

シアヌークビルの土地を買い、長岡にいったん戻った家田は、そこで倒れてしまうのだ。長岡日赤病院に担ぎ込まれたとき、血圧は上が六十しかなかった。そこで末期の胃癌という宣告を受ける。胃のなかにできた癌は外壁まで転移していた。すぐに摘出手術が行われた。そこで胃の四分の三をとった。

その後、抗癌剤の治療に入る。大量の薬が処方され、一回はそれを飲んだが、そこで家田は絞りだすような声でこういった。

「もう、いい」

何年か前に尻に脂肪の塊ができ、それをとる手術を受けたことがあった。手術は簡単なものだったが、その後、病院のベッドに横になり、天井を見つめながら、家田はこんなことを考えていた。

「俺の最期も、こうやって、病院の天井を眺めながらになるんだろうなぁ。いや、それだけは避けたい。しかし日本にいれば、きっとそうなってしまう」

家田の父親は外科医だった。そして彼も医科大学に進んだ。医者が考えることは、ほかの人よりは少しわかっているつもりだ。だからよけいに、病院での治療を拒んだのかもしれなかった。

カンボジアに向かい、そこに住むために土地を買ったのは、そんな彼なりの思いがあってのことだった。

カンボジアで死んでもいい――。

カンボジアの青年に訊くと、ここでは簡単にモルヒネも手に入るという。ここなら、病院のベッドで死ななくてもいいかもしれない……。

その心情を、僕は素直に受け入れることはできない。彼に比べたら僕はまだ若く、死の影というものへの実感が薄いのかもしれない。家田にしても、シアヌークビルの土地を買おうとしたとき、それほどはっきりとした死に方を描いてはいなかった気がする。

しかし、長岡に一時帰国した彼は倒れてしまった。こんなに早く、決断を下すときが来るとは思っていなかったような気がする。心の準備もまだ曖昧《あいまい》だったのではないか。

しかし病気というものは冷酷である。増殖する癌細胞は、胃を蝕《むしば》みながら、家田に決断を強いてきた。

家田は治療を拒否した。

そして再びカンボジアに向かった。そのときすでに、シアヌークビルで買った土地がトラブルに巻き込まれていることを知っていた。それでも彼はカンボジアに向かった。

▼運命を受け入れる

そこにはどんな思いがあったのだろうか。

医科大学に通っていたとき、日本は安保問題に揺れていた。学生運動は安保闘争一色に塗り込められていく。家田はその輪のなかにいた。大学では学生組織の副委員長を務めていた。激しくなる学生運動は、彼の人生を変えていく。彼は大学を辞めてしまうのだ。医師になる道は、そこで跡絶《とだ》えた。その後、別の大学に入ったが、学科は文科系だった。

なにかのたががはずれたのだろうか。いや、自分に正直に生きる道を選んだのか。

大学を卒業した彼は、高校の教師になる。倫理社会を教えたが、授業の感想を試験代わりに書かせると、ある生徒から、「こんな勝手な教師はいままで見たことがない」と書かれる教師だった。その後、埋蔵文化財の発掘という仕事にかかわった。

その生き方は、彼が学生時代に親しんだ左翼用語でいえば小市民としての人生だった。家田も人並みに結婚をし、子供をつくり、離婚、再婚を経験した。そして年をとり、自分の死に方を選ぶ場に直面したときの話になると、どこか、「勝手にやらせてくれ」といいたげな言葉が続くのだ。それは他人には、アナーキーにも響くのだが、カンボジアの空気のなかではなぜか違和感がなかった。

ポル・ポト政権が崩壊し、UNTACと呼ばれた国連のカンボジア暫定統治機構のもとで総選挙が行われたとき、僕はしばらくプノンペンに滞在していた。日本からは自衛隊が駐留し、日本人の選挙監視ボランティアもカンボジア各地で活動を続けていた。

選挙監視ボランティアのひとりと、プノンペンで会った。彼はカンボジア西部のバッタンバンに派遣されていたのだが、ある村を訪ねると、一軒の農家に高熱を出して寝込んでいる少女がいたという。

「マラリアかもしれなかったし、もっと大変な病気なのかもしれませんでした。私は専門ではないんでわからないんですが。ただ、そのときはUNTACに所属する各国の軍隊が駐留していて、ヘリを使ってタイのアランヤプラテートの病院に運ぶことができたんです。申請すれば、比較的、簡単に動いてくれたんです。通訳を通して、それを伝えたんですが、両親がそれを断ったんです。費用？　違います。無料で運んでくれることも伝えました。でも、両親は頑なでした。通訳がこういうんですよ。『運命だっていっている』と。村の占い師にそういわれたのかもしれないとも通訳はいってましたけど。でも、いま病院に運べば助かるかもしれないんですよ。仕方ないんで、その家を離れました。それから一カ月ほど経ったときかな、その村の近くまで行ったんです。そうしたら、通訳がどこで聞いてきたのか、あの少女が死んだっていうんですよ。悩みました。これはどういうことかって……ね。いまだ、その答えはみつからないんです」

運命――。僕は昔、どこかで読んだ仏教の話を思いだしていた。仏教は植物の生き方をテキストにし、キリスト教やイスラム教は動物の生き方から導かれているというロジックだった。例えば河川が氾濫したとする。動物はそれを察知し、水に浸らない土地まで逃げることができる。しかし植物は動くことができない。それを運命と受け入れ、水に流されていく……と。そして流された先に根を張る。それが仏教観に通じているという説明だった。

僕は仏教やキリスト教、イスラム教の教理について詳しくはない。しかし、テーラワーダといわれる小乗仏教の国を訪ねることが多いから、なんとなくわかるような気がするのだ。カンボジア人やタイ人にしても、どこか諦めが早いようなところがある。克服しようとする精神力が弱いように思う。とくに災害とか紛争が降りかかったとき、彼らはあまりにも簡単に運命を受け入れてしまう。

家田がカンボジアの人々と接し、その空気のなかで暮らしていくなかで、それを察したのかどうかはわからない。しかし癌だというのに、ひょうひょうとした面もちでカンボジアに渡ってしまう後ろ姿は、なにかを受け入れたようにも映るのだ。

シアヌークビルの土地を諦めた家田は、いま、家を建てた土地に落ち着いた。この土地は、彼をカンボジアに案内した青年の実家に隣接していた。

家田とはじめて会ったとき、家は建築途中だった。彼は近くの家に居候を続けながら、建ちあがる家を見守っていた。

家が完成したという連絡が入り、僕は彼の家に向かった。あい変わらずひどい道だった。トラックを降りると、上着も荷物も土埃で白くなっていた。

この家がある村には、電気も水道も通じていなかった。朝、門番に雇っているカンボジア人が氷を買ってくる。それを大型のクーラーボックスに入れ、そのなかに野菜や肉を入れる。これが電気のない村の冷蔵庫だった。夕方になると、日本からもってきた、プロパンガスを使った小型発電機のスイッチを入れる。井戸のポンプから水がどっどっどっと水槽に入り、部屋の灯がともる。ひと缶一ドルのビールを飲みながら、茜《あかね》色に染まる西の空を眺める。それが家田の日課である。僕も彼に倣って西の空をぼんやり眺める。

家が完成し、日本から奥さんもやってきた。奥さんは長岡で働いていたが、六十歳で定年を迎えたのだ。最初にカンボジアになびいていったのは奥さんの方だった。カンボジアの劇団を長岡に呼んだ。それが縁で奥さんがカンボジアを訪ね、一気に関係ができあがっていった。その流れに家田が乗ったことがはじまりだったが、彼のほうが先にカンボジアに住むことを決めてしまった。

家を建てている間も、奥さんはこの村にやってきていた。しかし奥さんには不安があった。村の人たちが料理をつくるところを見ていると、ときにその衛生観が気になった。食べ終わった皿も、汚れた水で洗うだけですませてしまう。自転車で十分ほどのところに市が立つが、そこで売られている肉にはハエがとまっていたりする。

「奥さんは本当にこの村に住むと思ってました?」

一度、家田に水を向けたことがあった。

「そりゃ、来ると思ってたよ。だいたい、カンボジアを最初に気に入ったのは、あいつなんだから」

家田はまた、ひょうひょうとした面もちで答えるのだった。

湖畔の家での暮らしがはじまって三年がすぎた。二〇一一年、家田を訪ねると、村の環境が大きく変わっていた。道路の舗装工事がはじまっていたことは知っていたが、その工事が進み、彼の村まで舗装路がつながった。そしてメコン川に架かる新しい橋も完成し、フェリーに乗ることもなくなった。最終的にはこの舗装路はベトナム国境までのびるのだという。

そして二〇一〇年の九月頃、唐突に電気が通じた。もともと電柱は立っていたようで、そこに電線が架けられたのだ。家田の家にも、電化製品が並ぶようになった。大型冷蔵庫が台所に置かれ、その横には電子レンジもあった。

「プノンペンで買ったんだけど、全部、中国製。この国には中国製しかないような気になるよ」

そういって家田は笑った。そういえば、ここに通じる道路の舗装工事や新しい橋の建設を請け負ったのも中国の業者だった。工事中という道路標識には中国語が躍っていた。新しくつくられた道路の周りは、だだっ広い草原が続いていて、訊くと工場用地なのだという。自国の賃金の上昇を読み、将来はここに中国の工場が移転してくるのだろう。

カンボジアの田舎も、なんだかせち辛い世界に巻き込まれはじめている。

しかし家田の家は、舗装化した道路から三、四十メートル離れている。ここまで来ると、我がもの顔で走り抜ける大型トラックの騒音も聞こえてこない。朝にはニワトリの声が響き、夕方にはねぐらに帰る鳥の声がこだまする。

夕方になると、湖を埋めるホテイアオイを押し分けながら、近くに住むカンボジア人が小さな舟を出す。前には子供が乗り、後ろで父親が櫓《ろ》を操る。ポイントに近づくと、仕かけた網をたぐり寄せ、夕食のおかずになりそうな小魚を獲っていく。そんな音のない光景が広がっている。

胃癌を摘出してから六年が経っていた。彼の体に巣くった癌細胞はおとなしくしている。静かな村でのストレスのない暮らしがいいんだろうね……と人はいうが、そんなことは家田にとっては関係のないことだ。生きのびるためにカンボジアにやってきたわけではない。

この家の前に細い路地があり、その向こうには数個の墓石が並んでいる。そこには家田の墓用の土地も確保されている。

▼TOEICが心の支え

――水上君（仮名）、覚えてますか？　彼、うちの会社で働いているんですよ。ベトナムに来ることがあったら、ぜひ会いたいっていってます。次はいつ頃？

ベトナムのホーチミンシティで貿易会社を経営している知人からメールが入った。

水上君？

一年ほど前である。そのとき、僕はホーチミンシティのデタム通りに泊まっていた。バックパッカー向けの小さなホテルやカフェがひしめく一帯である。そこにある一泊十ドルほどのホテルで彼に会った。朝食をとろうと急な階段を降りていくと、靴置き場の横にあるベンチにひとりの日本人が座っていた。

「下川さん……ですか」

声をかけてきたのは彼のほうだった。

アジアを歩いていると、ときどき声をかけられることがある。本づくりのために旅に出るときはカメラマンと同行することが多い。ときに彼らが撮った僕の姿が本に載る。それを見た読者だった。

一緒にホテルを出、道端のコーヒー屋台に座った。

三十六歳。年の割にはずいぶん若く見える。青年といってもいいほどだ。

「勤めていた塾が潰れちゃいましてね。しばらくアパートにいたんですけど、旅に出ることにしたんです。東南アジアを一カ月ぐらい歩いてみようと……。学生時代、バックパッカーの真似ごとをしてましたから」

話し方がぎこちなかった。ときどき笑顔をつくるのだが、その直後に、視線が宙を舞うようなところがある。少し話してはアイスコーヒーを啜り、たて続けに煙草を喫う。

心の安定を失っているのかもしれなかった。こうして旅に出ているのだから、その症状はそれほど重くはないのだろうが、低い木の椅子に座る姿に不安が募った。

考えてみれば、三十六歳で職を失うということは辛いことだろう。訊くと大学院時代にアルバイトではじめた塾にそのまま勤めていたのだという。就職活動も経験していない。ぽつんと仕事を失ったとき、その先への道筋が見えなかったのかもしれない。

そのとき彼は、英語の表紙の厚い本を手にしていた。TOEICの参考書のようだった。

「就職に役立つかと思って、ホテルの部屋で勉強してるんです。これを開くと、なぜか落ち着くんです」

ふっと我に返ったように、彼は答えた。その瞬間、表情に精気が戻っていた。英語の世界の話になると、脳の回路がつながるような雰囲気だった。

それから一年が経った。再び水上に会った。知人と連れだって水上はデタム通りのカフェにやってきた。これが同じ人かと思えるほど、落ち着いた表情をしていた。髪も短く切り、こざっぱりとした印象だった。一緒に食事をとることになっていたが、知人の携帯電話が鳴ってしまった。仕事のトラブルらしい。知人はいったんオフィスに戻った。

「あのときはすいませんでした。いまにして思えば、かなり精神的にまいっていて。会っておわびをしなくちゃって思っていたんです。すると会社のボスが下川さんと知り合いだっていうじゃないですか。それでお願いしたんです。この店はおごらせてください。月給で千五百ドルももらってるんです」

そういうと水上は目尻に皺をつくって笑い、サイゴンビールを注文した。彼はこんないい笑顔をつくれるのかと思った。

三年前の受験シーズンも終わった二月末、水上は塾の経営者に呼ばれた。そこで、三月いっぱいで、塾を閉鎖することを伝えられた。水上の勤めていた塾は、中学・高校受験が専門だった。東京の杉並区に三カ所の教室があった。水上はそこで、中学生に英語を教えていた。

一時は三百人近い生徒がいた。教師の数が足りず、水上は援軍で小学生に国語を教えていたときもあった。当時は年収も五百万円を超えていた。しかし塾の競争は激しい。とくに首都圏では中学受験が増え、大手学習塾が教室を増やしていた。四谷大塚、日能研にサピックスが参入してくる。水上の働く塾の近くにも、次々に大手の塾が開校していった。その煽りを水上が勤める塾も受けてしまった。生徒はそこそこいたのだが、経営者は将来を読んだのかもしれなかった。

あと一カ月で仕事がなくなる——。

はじめはピンとこなかった。学生時代からずるずると働いてしまった。仕事がなくなることなど考えてもみなかった。

教師たちは浮き足だった。教師たちだけで塾を続けるという話も出た。しかし早々に別の塾の採用面接を受けにいく教師もいて、足並みは揃わなかった。退職金の話ももちあがった。それぞれの雇用形態を確認してみると、水上は契約社員扱いだった。正社員ではなかったのだ。そんなことも知らなかった。

「水上先生はどうするんです。でも、先生はひとりだから、気楽ですよね。私なんか、子供が生まれたばかりで……」

水上は教師たちだけで塾を続けるグループに入った。会議が続いた。代表を決め、それぞれの役職を振り分けていく。しかし、塾が閉鎖になる一週間前になって、塾を続けることを主張する中心であり、代表にも決まっていた五十代の教師が、皆の前で頭を下げた。家族を説得することができないようだった。話は振りだしに戻り、三月末を迎えた。

四月に入った。水上はアパートを出ても行く先がなかった。

水上が借りていたアパートの大家は、親の知りあいだった。部屋にじっとしていると、仕事がないことが大家にわかってしまう。水上はいつも通り、昼にはネクタイを締め、アパートを出た。しかしもう塾はない。彼は電車に乗り、ひと駅先にある区立図書館に入り、TOEICのテキストを開いた。英語の問題にとり組むと気分が落ち着いた。次の試験で高得点をとれば、どこかの外資系企業が雇ってくれるような気がした。あてがあったわけではない。ただ漠然とそう思っていただけのことだ。TOEICの勉強だけが、将来につながっているような気がした。

父親の喉に炎症がみつかったのは、そんなときだった。水上の実家は神奈川県の平塚にあった。検査のために入院した病院に出向くと、癌の疑いがあることを母親から告げられた。そんななかで、勤めていた塾が閉鎖になったことなどとても切りだせなかった。

朝、目が覚めると、起きあがれないくらいの体の重さを感じるようになったのはその頃からだった。布団から出るまでに一時間もかかるようになった。毎日はそれなりに充実している気がした。TOEICの試験が近づき、勉強も追い込みに入っていた。いつも通りに図書館に行き、アパートに戻る途中でコンビニに寄った。夜、TOEICの問題を解くために、コピーをとりたい資料があった。

そのコンビニのコピー機の前には鏡があった。なにげなく、そこに映った自分の顔を見た。

「……誰だろう?」

一瞬、後ろを振り返った。

誰もいなかった。

いつの間に、こんなに老けてしまったんだ。水上はしばらく、呆然とコピー機の前に立っていた。

ときどき会うアパートの大家は、仕事がないことを察していたのかもしれなかった。俺はこの顔で病院に行き、両親に会っていた。親はなにもいわなかった。大家を通して、連絡が届いていたのかもしれない。

水上はその翌日、部屋から一歩も外に出なかった。

「いま考えると、不思議なんですけどね、あのとき、東京から逃げようって思ったんです。とにかくここから逃げようって。それでアジアに行くことを思いついたんです。親と大家には、一カ月、アメリカで英語の研修があるって嘘をついてね。だから背広を着て、スーツケースをもって、アジアへ来たんです。飛行機のなかで、突然、TOEICの試験が来週あることを思いだしました。でも、どうすることもできなかったんです」

その旅の途中で、僕は水上に会ったことになる。

僕とはじめて会ってから一週間ほど経ったときだった。水上はひったくりに遭ってしまう。場所はデタム通りに近いファングーラオ通りだった。夜の八時頃、舗道を歩いていると、後ろからやってきたバイクのドライバーに、いきなりデイパックをもっていかれてしまったのだ。

「一瞬、なにが起きたのかもわからなかった。肩のあたりに、ぐいっと引っぱられた感触があって、目の前をバイクがスピードをあげて走り去っていく。追いかけることもできなかった。パスポートは貴重品袋に入れて腰に巻いてたからよかったんですが、バッグのなかに財布とTOEICのテキストが入ってた。財布のなかには八万ドンほどと百二十ドルの紙幣が入ってた。それにクレジットカード。そのときね、突然、はっと我に返ったんです。ちゃんとしなきゃだめだって……。たぶんボーッと歩いていたんです。仕事がなくても、バッグをひったくられるようじゃだめだって、なぜか、突然……ね。急に走りたくなって、人に訊いて警察に駆け込みました。なんだか無性に悔しくて……警察官に怒鳴ってました。アジアの警察は、こういうとき、なんの対応もしてくれないって知ってるのにね。また走ってホテルに戻って、フロントからクレジットカード会社に電話をかけて……。不思議なんですよ、翌朝、目を覚ましたら体が軽い。なんか憑きものが落ちたような感じでね。働かなくちゃいけないって思ったんです。それで思いだしたんです。デタム通り沿いのカフェに、日本語のフリーペーパーが置いてあったって。日本に帰って働くなんてことは、まったく思い浮かばなかったなぁ。いまにして思えば、なにか避けていたのかもしれない。あのどよんとした空気のなかに、また戻りたくないっていうか……」

そういうと水上は、気持ちよさそうにビールを飲みほした。

あまりに変わってしまった水上の姿に、僕はまた不安になる。彼はいま躁状態のなかにいるのかもしれない。海外に出ると、一瞬、元気になる人は多い。しかし、それは旅の錯覚であることも少なくない。帰国すると、旅に出る前以上に、深い闇に入り込んでいってしまう人もいる。

しかしそれは、いま、考えてみてもしかたのないことなのだ。少なくとも、精気をとり戻した水上が目の前にいる。それがアジアのマジックだとしたら、素直に騙されてもいい。そんな気にもなるのだった。

▼アジアの毒牙

二〇一九年、細野はその後もバンコクに暮らしている。僕のもとには、月に一回、彼からの一斉メールがくる。細野が世話役を務める「バンコク中小企業交流会」の案内だ。四月に届いた案内を見ると、九十一回と書かれていた。僕も一回、この会の講師を務めたことがある。

家田は日本に帰った。彼らしい帰り方だった。彼をカンボジアに案内し、土地を一緒に探したカンボジア人が事業に失敗した。プノンペン近郊に建てた家や土地が抵当に入ってしまった。銀行の社員が家田の家にもやってきたという。行員も事情がわかっていた。家田はまだその家に住み続けることができた。しかし彼のなかで、なにかが吹っ切れてしまったかのように、帰国を決断してしまう。自分の体調もあったのかもしれないが。

細野と家田――。僕よりはだいぶ年長だが、気が合うタイプだ。ふたりともひょうひょうとしている。がむしゃらに行動するようなところがない。家田がカンボジアを引きあげるとき、こんなメールを送ってきた。

〈ポケットに両手を突っ込んで、口笛でも吹いて帰るよ〉

家田はカンボジアで、全財産とはいわないが、かなりの額を失った。そしてなにも残さずに日本に帰っていく。潔いというより、さっぱりとしていた。流れに抗う表情はなにも見せなかった。

アジアには毒がある。細野も家田も、覚悟を決めてそれを飲んだ。しかしアジアの毒は、飲んでみると、意外に甘かった、ということかもしれなかった。

東南アジアで、ロングステイのビザをとって暮らすシニアは少なくない。タイやマレーシアに暮らす人が多いだろうか。鳴り物入りではじまった制度だったが、鳴かず飛ばずの状況に落ち着いてしまっている。毎年、千人以上のシニアがロングステイをはじめるが、それと同じぐらいの人たちが引きあげていく。ロングステイ人口は、減りもしないが、増えもしないというところだ。こんな状態がもう十年以上続いている。

のんびり暮らしたい……と彼らはアジアの土地を踏む。しかしだいたいが裏切られる。いまのアジアは、そんなにゆっくりは動いていない。そのあたりに悩み、一年、二年で帰国する人が多い。やはりアジアに長くとどまるためには、なにかを越えなくてはいけないようだ。

詐欺はひとつの試金石のようにも思う。シニア世代は、不明朗な会計とか、ぼるといわれる行為にことのほか敏感だ。しかし、納得がいかないことがあっても、それを伝える言葉がない。どうしても溜め込んでいってしまう。それがストレスへと膨らんでいく。細野も家田も、ぼるといったレベルを超える金額を失っている。それでもアジアに暮らした。帰るという選択肢はなかった。

意地になっても暮らしていく……という感覚でもない。かといって騙されたことを忘れたわけでもない。自分のなかの落としどころをみつけたような気がする。そこらが分かれ道のように映る。その感覚が身につくと、アジアは微笑んでくれるということだろうか。

HO CHI MINH
CITY
VIETNAM

第7話
結婚

◈ベトナム・ホーチミンシティ

▼老夫婦と暮らす、ひとりの青年

秋元良雄（仮名）に会ったのは、ベトナムのホーチミンシティの郊外にある一軒の家だった。そこには日本人の老夫婦が暮らしていた。

以前、アジアの民間療法の取材をしたことがあった。ベトナム料理でよく使う薬物は、体調を整える効果があるという。ドクダミの葉が有名だろうか。そんな葉の効用に詳しい老人だと紹介された。老夫婦は、ベトナムに七年ぐらい暮らしていた。海外でのロングステイだった。年齢は七十歳近かったが、インターネットに長《た》けていた。日本に帰ってからも、しばしばメールが届いた。

ホーチミンシティに来たときはぜひ……そんな言葉に甘えて、泊めてもらったこともあった。

そのときもホーチミンシティにいた。仕事がひとつキャンセルになり、ぽっかりと時間があいた。メールを送ると、すぐに返事がきた。

家を訪ねると、老夫婦と一緒にひとりの青年が暮らしていた。

「不肖の息子ですよ」

老人に紹介された。それが秋元だった。

四人でビールを飲んだ。つい、話し込んでしまった。結局その夜、泊めてもらうことにした。老夫婦は九時頃、

「どうぞ、ごゆっくり。息子の相手でもしてやってください」

といい残して寝室に入ってしまった。秋元はそれを待っていたかのように、自分の部屋からウイスキーのボトルを持ってきた。

「飲みますか。僕は飲まないと眠れないもんですから」

そういいながら、彼はグラスにウイスキーを注いだ。

前回、この家に泊めてもらったとき、お礼にと十冊ほどの本を持参した。読書好きの夫婦だった。一緒に自分の本も三冊ほど渡した。それを秋元は読んだようだった。

「羨《うらや》ましいなぁ。ひとりで旅ができて」

「誰だってできるよ」

年齢を訊くと四十歳を超えていた。見た目が若く見える。僕はてっきり三十代の前半かと思っていた。

「実は親父は再婚なんです。親父は一回、離婚していて。ベトナムに来る前、僕は別

れた実の母のほうで暮らしていたんです」

秋元は問わず語りにそんな話をした。静かな夜だった。僕はとりとめのない旅の話をした。どうしてそういう話になったのかは記憶にないが、翌日、近くの寺に行ってみようという話になった。前回、泊めてもらったとき、朝方、散歩に出た。そのとき、あまり大きくはない寺をみつけた。道教の寺院だから、廟《びょう》といわなくてはいけないのかもしれない。

翌朝、秋元とふたりで散歩に出た。それがどれほど大変なことだったのか、僕は散歩の後に知らされることになる。しかしふたりでサンダルを履いて、バイクが行き交う道を歩いたとき、秋元はごく普通に僕の隣を歩いていた。寺に人の気配はなかった。線香から煙がたち昇っていたから、朝方、近くに住む人が手を合わせたのかもしれなかった。

「下川さん、ここにトイレありますか」

「あると思うけど。訊いてこようか」

「どんなトイレですかね」

「こういうところはベトナム式かもしれないね」

「僕、ちょっと無理です」

小便なのか大便なのかもわからなかったが、僕らは家に戻ることにした。ひ弱な感じが気になった。神経質なタイプだった。

老夫婦の家に戻った。秋元がトイレに入ると、奥さんが話しかけてきた。

「やっぱり下川さんはすごいですよ。なんていったんです」

「……？」

「この家にきて、一カ月になるけど、一歩も外に出ていなかったんですよ」

「一歩も？」

「ええ、一歩も……」

そのとき、僕は詳しいことはわからなかった。奥さんから、日本にいたときは、引きこもりのような生活をしていたと聞いた。半ば強引にベトナムに連れてきたようだった。それ以上の話は聞かなかった。

日本でどんな日々をすごしていたのかを正確に知ったのは、そう、秋元とはじめて会ってから二年以上が経ってからだった。

▼統合失調症

そのとき、秋元はこんな話をした。精神に変調をきたしたときのことだった。

家族に引きずられるようにして心療内科の診察を受けたのは三十五歳のときだった。きっかけははっきりしない。ある種の被害妄想が心のなかで広がっていた。周囲の人たちが集団で自分を殺しにくる。仕事場にも隠しカメラがあるかもしれない……。仕事を続けることができなくなった。自分の部屋に引きこもるようになった。

「ひどい顔をしてる」

同居していた姉からいわれた。外に出ることが怖かったが、強引に診察室の椅子に座らされた。

統合失調症――。医師はそう診断した。リスパダールとサイレースという薬を処方された。精神安定剤と睡眠薬である。

「よく寝て、ご飯をしっかり食べなさい」

医師はそういった。

薬は効いた。いつの間にか被害妄想が消えていた。そのクリニックには、月に一回のペースで通院した。

「調子はどうですか」

「とくに変わりは……」

「よく寝て、ご飯をしっかり食べなさい」

そして同じ薬を処方される。いつも同じことの繰り返しだった。

一年ほどがすぎたとき、秋元は薬をやめてみようと思った。日々の生活に問題はない。薬から離れることができれば、働くこともできる。秋元は病気を甘くみていたのかもしれない。

半年がすぎた。

気になりはじめたのは、彼が暮らしていたマンションの上階や隣室からの音だった。その音が日を追うごとに大きくなっていく。周りに住む人が自分を殺しにくる……。

再び通院の日々に戻ってしまった。同じ薬を処方され、それを毎日、きちんと飲む。そうするしかなかった。

仕事をすることはできなかった。しかし、薬を飲んでいる限り変調はない。ときどき外出もした。酒を飲みに出たこともある。普通にこなすことができた。ひどく疲れることが少し気になったが……。

社会に復帰しようにも、その方法がみつからなかった。薬をやめると、またあの辛い被害妄想が頭をもたげてくる。トラウマになってしまっていた。でも医師は、

「よく寝て、ご飯をしっかり食べなさい」

としかいわなかった。よく寝て、食事もきちんととっている。しかし、出口がない。月日だけが淡々とすぎていく。いつの間にか、四十歳になっていた。

▼はじめてのアジア

「ベトナムに少しこないか」

父からの誘いには気が乗らなかった。曖昧な返事を繰り返していると、ベトナムから一時帰国していた継母からも、「ぜひベトナムへ」という声が届く。無口な父だったが気にしていたのだろう。精神を患ってしまった息子を、前妻だけに任すわけにもいかない。そんなところだったのかもしれない。幸い、ホーチミンシティの郊外に借

りた家は部屋も余っている。病気が治るわけではないかもしれないが、気分転換ぐらいにはなるかもしれなかった。

一時帰国から戻る父と一緒に飛行機に乗った。航空券は一カ月フィックス。帰国日の予約も入っていた。それ以上、ベトナムに滞在する気もなかった。

二十代の頃、知りあいとヨーロッパに行ったことがあった。だが、アジアの経験はない。父はいいところだというが、どんな国なのかイメージも湧かなかった。

ベトナムの日々は、思った以上に平穏だった。食事はお手伝いさんと継母がつくってくれる。夫婦は昼間、リビングで本を読みながらすごすことが多かった。日本のDVDもある。家には猫もいた。ベトナムでは半ば放し飼いで、生まれたばかりの子猫もいた。

外出することはなかった。言葉もわからないし、やはり怖かった。父はときどき、近くの市場に買い物に出かけたが、ほとんど家にいた。会話は多くないが、静かな暮らしだった。

帰国する日が近づいていた。そこで秋元は不安になった。

「笑われるかもしれませんが、帰りの飛行機に、ひとりで乗る自信がなかったんです。英語はまったく話すことができないし……。飛行機は、台北経由で、乗り換える必要がある。それをひとりでやらなくちゃいけない。はじめからわかっていたことなんですけど。なぜかそこまで気がまわらなくて」

秋元は逡巡した。父や継母が日本に帰るまでベトナムに滞在することには問題はなかった。日本に帰っても仕事があるわけでもない。心配なことは薬だった。一カ月分の薬しかなかった。しばらく薬を飲まなくても、被害妄想に陥らないだろうか。しかし、飛行機にひとりで乗ることへの不安も募る……。

うじうじとしている間に、出発日になってしまった。そして薬がなくなった。継母が気遣い、ホーチミンシティの病院で薬をもらってきてくれた。デパスという薬だった。父のパソコンで検索してみると、鬱病治療に処方される抗不安剤のようだった。

「この薬で大丈夫だろうか」

不安は消えなかったが、飲むしか術《すべ》はなかった。

僕が秋元にはじめて会ったのはその頃だった。彼の体は、足や腕にいくつもの発疹ができていた。市販の薬を塗っていたが、いまになって思えば、薬が変わったことの影響なのかもしれなかった。

夜、速いピッチでウイスキーを飲んでいたのも、眠れないかもしれない……という不安がそうさせていた節もあった。泥酔しなければ眠れない……彼の心は、薬がない

ホーチミンシティをゆったり流れるサイゴン川。夕暮れどきには観光船が出航する

デタム通りはバックパッカー街。秋元はこういう街があることを知らないかもしれない

ことを埋めるものを必死で探していたのだろうか。

当時の心の裡を聞いたのも、後になってからのことだった。

「たぶん薬の禁断症状だと思うんですけど、神経がいつもチリチリしていたんです。前頭葉に痛みがあるような感じ。じっとしていられないんです。なにか手とか動かしていないと。だから頻繁に煙草に火をつけてしまう。目の前で本を読んでいた父からいわれました。『おまえ、ちょっと灰を落とすのが早いなぁ』って。イライラしていたんです。市販の頭痛薬を買ってきてもらって飲むと、半日ぐらいはおさまるんですけど、またチリチリと頭が痛くなる。夜も眠れませんでした。ベッドに横になって、スーッと軽い睡魔がやってくる。いいぞー、いいぞーって心のなかで呟くんです。眠りの尾っぽをつかまえようとする。でも、その尾っぽがなかなかつかまらない。いつまでたっても、つかむことができないんです。辛かったなぁ、あの頃は。一週間ぐらい続きました。そのうちになんとなく、少しずつ落ち着いてくるっていうか。下川さんがやってきたのはちょうどその頃なんです。十月十七日でしょ」

彼はそれが、まるで記念日であるかのように諳《そら》んじた。僕が会ったとき、辛い時期を脱出しつつあったのだ。僕が散歩に誘ったとき、彼が応じたのは、心が少し軽くなっていたからなのかもしれなかった。

二回目に彼に会ったのは、半年ほどがすぎた頃だった。

▼報告

実はその間、秋元の父から、何回か相談のメールが届いていた。そろそろベトナムから引きあげたいという内容だった。理由は年齢だった。七十歳をすぎて、すっかり足腰が弱ってきてしまったらしい。家から外に出る階段で、派手に転んでしまったことがショックだった。暑さがこたえたのか、腹のあたりに帯状疱疹《たいじょうほうしん》も出てしまった。ベトナムでやっていく自信が薄れてきたのかもしれない。秋元の父がそう決めたことなら、僕がとやかくいう筋合いの問題ではなかった。ホーチミンシティから老夫婦が去ってしまうことは少し寂しかったが、それも仕方のないことだった。

「秋元はどうするのだろうか」

むしろ、そのことのほうが気になった。

老夫婦の家を訪ねると、家財道具がだいぶ減っていた。世話になったベトナム人に譲ったのだという。夫婦は帰国の準備に入っていた。

久しぶりに会った秋元は、日焼けしていた。ベトナム人よりはるかに黒い。訊くと、毎日、入口のちょっとしたスペースにタオルを敷き、短パン一枚で肌を焼いているのだという。発疹を治そうと日に焼いていたことが癖になってしまったらしい。いつ頃からか、デパスを飲まなくなっていた。ホーチミンシティの病院でもらった錠剤がなくなったとき、もう飲まなくてもいいような気がしたという。秋元は明らかに元気になっていた。

「あの寺に行きませんか」

誘ったのは彼のほうだった。はじめて会った翌朝、一緒に散歩に出かけた廟だった。

そこで僕は、秋元から結婚の意志を告げられた。老夫婦の家で働いていたお手伝いさんだった。秋元はベトナム語をほとんど話すことができなかった。お手伝いさんは三十代の女性だったが、日本語は、「こんにちは」というあいさつを口にする程度だった。そんなふたりが、どう会話を交わしたのだろうか。恋愛に言葉はいらないのかもしれないが、それにしても……。

「彼女のほうから、日本語を教えてほしいっていってきたんです。持っていた指さし会話帳があったんで、それを開いて。彼女は小さなノートを用意していて、猫の絵を指さして『ネコ』って発音して、ベトナム語でネコって書く。僕はせっかくだから、ベトナム語を覚えようとメオって発音してみる。そんなことを毎日やってたんです。彼女は前向きというか、こうやって言葉を覚えていくんだなぁ……と」

指さし会話帳に結婚という文字はあったのだろうか。とにかく話は決まっていた。相談というより報告だった。

「ただ継母が……。どうしてかわからないけど。僕らがふたりで床に座って、指さし会話帳を見ていると、いい顔をしない。だから、あの家では、結婚の話ができなくて。でも、いくら継母が反対したところで、結婚します。これは僕らの問題ですから……」

いつから秋元はこんなに逞《たくま》しくなったのだろうか。病気に怯え、薬が切れる不安を抱え、飛行機にひとりで乗ることもできなかった男が、自分の意志で結婚しようとしていた。彼は、統合失調症という病魔から脱出したのかもしれなかった。

ベトナムに向かうとき、姉から、

「むこうへ行ったら、病気なんてふっ飛んじゃうわよ」

と背中を押されたという。実際にその通りになったのだろうか。地面を濡らしたスコールの雨が、強い日射しに照らされて蒸発していくように、彼の心に巣くった病気は昇華していったのだろうか。

ベトナムを引きあげるのを前に、お手伝いさんは田舎の村に戻っていた。秋元はいったん老夫婦と一緒に日本に戻ることになっていた。

日本に戻り、準備を整え、一、二カ月でベトナムに戻る段どりだった。帰国前、ホーチミンシティで、こっそりと彼女に会ったと、東京で再会した秋元は照れを隠すように笑った。

▼ふたりの住む家へ

東京では三、四回、秋元に会った。ベトナムにかける格安のテレホンカードを売る店を教えてあげた。安い片道航空券を売る旅行会社も紹介した。現地に行く前に、歯を治しておきたいと彼はいった。治療に二カ月ほどがかかった。毎日のようにベトナムに電話をかけているようだったが、こんなにのんびりしていていいのか……と不安にもなった。結婚を約束したふたりなら、一日でも早く会いたいもののような気がしたが、それが彼流の進め方だったのかもしれない。

日程を調整しているうちに、僕も同行することになってしまった。ちょうどその頃、僕はバンコクに滞在することになっていた。秋元とバンコクで合流し、一緒にホーチミンシティに向かうことになった。彼は以前、ひとりで乗ることもできなかった飛行機の席にぽつんと座り、バンコクのスワンナプーム空港に姿をみせた。僕らはエアアジアに乗ってホーチミンシティに向かった。

空港は激しい雨に包まれていた。雨季も終わりかけている時期、東南アジアは執拗な雨が降る。タイでは洪水の被害が出はじめていた。アユタヤの工業団地が浸水し、操業がストップしたという報道が、連日、タイのテレビを賑わせていた。ホーチミンシティの空港には、彼女が迎えにきていた。僕らをみつけた彼女は、笑顔で手を振ったが、いざ秋元が目の前に立つと、恥ずかしそうに視線を落とした。アジアの女性だった。秋元も黙ったまま立っていた。

僕らは、彼女がいま住んでいるというホーチミンシティの家に着いた。彼女の姉の家だった。五階建てのビルで、一階が雑然とした印刷工場になっていた。コンピュータを使い、チラシの版下をつくり、それをここで印刷する仕事のようだった。名刺の印刷も請け負う。日本だったら街の印刷屋さんといったところだろうか。工場には、数人の若者が働いていた。彼女と同じ村の青年たちだった。この工場を手伝いながら、学校に通っていた。

僕らは急な階段を登り、四階の部屋に入った。殺風景な部屋だった。八畳ほどの広さがあった。石の床にゴザが敷いてあった。隅にコンクリートの壁に仕切られたトイレと洗面所があった。ただそれだけだった。たんすもなければ、テーブルもなかった。ドアを出た踊り場に竿が渡され、そこに何着もの洋服が吊るしてあった。これが彼女の衣類だった。彼女が寝泊まりする部屋に僕らが世話になるということのようだった。

名前をトゥク（仮名）といった。そういえばこれまで、彼女の名前すら知らなかった。次々に知らない人が顔を出した。トゥクの姉、そして母も姿を見せた。その後、必ずしもうまくいっていない人間関係を知らされるのだが、そのときは皆、満面の笑みをつくっていた。母親がなぜか濃いサングラスをはずさないことが気になったが。

姉は、

「トゥクは料理が上手。だからきっとうまくいく」

といった。秋元と結婚することを誰もが知っていた。考えてみれば、皆、秋元を見るのははじめてなのだ。おじといわれる人が現れ、いったい誰の子供なのかもわからない小学生や中学生も顔をみせた。一階の印刷工場で働く青年たちもやってきた。

皆、この家に暮らしていた。五階建ての家は十を超える部屋があった。トゥクの姉一家が家を借り、そこで同じ村出身の人々が身を寄せる下宿屋のような役割を果たしているようだった。トゥクはその家で料理をつくっていた。

タイのバンコクで、タイ人の家に下宿をしていたことがあった。二階建ての一軒家で、部屋の数は少なかったが、そこにも、下宿の主人一家の出身地から、さまざまな人がやってきた。職探しにきたという青年は一カ月近くも滞在していた。その街とバンコクを結ぶ路線バスの運転手は一日おきに泊まっていた。アジアの国々は、首都への人口集中が進んでいた。首都には仕事も多く、給料も高い。用事ができたり、仕事を探すために上京し、そのたびにホテルに泊まるわけにはいかなかったのだろう。こんな家が好都合だったのだ。

▼ふたつの不安

ふたりが暮らすには手頃な家だった。アパートは言葉のできない秋元には不安だったろうし、出費もかさむ。殺風景な部屋だが、一応、個室である。下宿人たちの食事をトゥクがつくっているのだから、食べることも心配はなかった。

どこまでわかっているのだろう……。

これはホーチミンシティに来る前からの不安だった。ひとつは金だった。そしてもうひとつは病気だった。

五年以上、働くことができなかった秋元に金があるわけがなかった。ベトナムに移り住んだところで、すぐに仕事が用意されているわけでもなかった。彼はベトナム語も話せないし、英語も苦手だった。いや、それ以前に、働くことができる精神状態なのかもわからなかった。薬から離れることができた……と本人は思っているが。ベトナムに向かう前、それとなく秋元に訊いてみたことがあった。保険を解約などして、それなりの資金は用意していく、と彼はいった。それがどれほどの額なのかまでは訊けなかったが。物価の安いベトナムとはいえ、日々、生活していくわけだから、それなりの金は必要になってくる。

日本人なのだから……と駐在員が住むような高級アパートをトゥクが用意していたら、秋元は慌てただろう。日本人の金銭感覚は、老夫婦の家でお手伝いをしていたときしか知らない。老夫婦は年金で生活していた。生活費は月に五百ドルほどですむといっていた。一般のベトナム人に比べれば恵まれた生活だったが、贅沢三昧という暮らしでもない。その暮らしをトゥクは、どんなふうに眺めていたのだろうか。

姉の家の下宿人のような暮らしをトゥクは決めていた。彼女は秋元が、それほど金をもっていないことを知っていたのかもしれない。そのあたりを、正確に伝える言葉をふたりはもっていないような気がする。そこは女性の勘だったのだろうか。

病気のことも気になった。ベトナムではないが、タイでこの病気の話をしたことがある。日本で鬱が社会問題になっている時期だった。四年制の大学を出、日本に留学もしたタイ人の知人は、自慢のｉＰａｄをとり出して検索した。

「うーん、一応、単語はあるけど、たぶんほとんどの人が知らないんじゃないかな。完全な専門用語のような気がする。ほかの病名も調べてみましょうか。……やっぱりね。医学用語になっちゃって、一般的じゃないですね。タイでは、ぜんぶ精神病って呼ぶしかない気がするな。分類はないんです。いまでもときどき、ヤーマーやヤーバーっていう覚醒剤系の麻薬の禁断症状が出た人が、人質をとったりする事件が起きるんです。それも皆、精神病っていうだけですから。日本より、こういう病気への関心が薄いんですよ」

精神病と診断されると、施設に入るという発想が強いと聞いたこともある。一般社会とは隔離させてしまう発想なのだ。最近ではこの種の病気への理解も広まってきている気がするが、庶民レベルになると、社会から遠ざけてしまう発想は根強いようだった。ベトナム社会で、統合失調症などといっても専門用語の領域で、働くことができないことをなかなか理解してもらえない気がする。

そもそもトゥクは、どこまで秋元の病気のことをわかっているのだろうか。「日本では働くことができなかった」と伝えたとはいっていたが。

▼初夜

夕飯は豪華だった。トゥクにしたら、結婚相手が戻ってきたのだ。秋元が日本で買ったのは片道航空券である。ふたりはこれから、ずっと暮らすことになる。その最初の晩だった。壜のアサヒビールが六本も買ってあった。

その夜、僕はどこに泊まるのか、あまり深くは考えていなかった。この家のどこかに空き部屋があり、そこに寝させてもらえるような気もしていた。それがうまくいかないなら、近くのホテルに泊まるつもりだった。

しかし食事が終わると、秋元はなにくわぬ顔でこういった。

「下川さんもこの部屋で寝てください」

「いや、それはまずいよ。だって……」

老夫婦の家にいたとき、トゥクは通いのお手伝いさんだった。近くにあった親戚の家で寝泊まりしていた。夕食の準備が終わると帰っていった。秋元とトゥクは同じ部屋に寝たことはなかったのではないか。

アジア人の生活に個室という概念は薄い。夫婦の部屋に平気で他人が寝たりする。日本語でいえば雑魚寝である。しかし秋元は、どれだけアジアの生活習慣を知っているのだろうか。

アジアには昔ながらの男女意識がまだまだ残っている。どの国へ行っても、バイクはあふれているが、バイクタクシーは別にして、男がハンドルを握るバイクの後部座席に女性が乗るということは、結婚が決まった相手か夫婦に限られるようなところがある。バンコクやホーチミンシティといった都会では、その意識も薄れてきているというが、一歩、地方に行けば、バイクの後部座席は、決まった女性が座る場所である。

外国人はそういう枠組みの外にはいるが、婚前交渉には多くの女性が抵抗するだろう。

秋元とトゥクはどう考えているのだろうか。日本流に考えれば、今晩は初夜なのかもしれなかった。秋元から頼まれたとはいえ、そんな場に僕はいるのかもしれなかった。

秋元は、僕が何回か口にした、「やっぱりまずいよ」という言葉を無視するかのように、トゥクと一緒にゴザを動かしている。僕に気遣ったのか、自分たちのスペースを確保しようとしているのか、部屋の中央に椅子も置いた。

「これでいいですか」

「いや、いいっていわれても……」

早く眠るしかなかった。

▼言葉を覚えるということ

翌朝、目を覚ますと、ふたりはすでに起きていた。トゥクが買った、のけぞるほど甘いアイスコーヒーがどこかからもち込まれたテーブルの上に置かれていた。その横には厚い本が置かれていた。ベトナム語と日本語を対訳式に記した単語集のような本だった。前日、秋元に、言葉を習わなくちゃいけないと何回もいった。言葉を身につけることは大変かもしれないが、夫婦になる以上、それは必要なことだと思っていた。互いの思いをぶつけることができなければ、ときにしこりが生まれる。いや、言葉を習うという行為には、それ以上のものがあると思っていた。その国の国民性を知るには、言葉を覚えることがいちばんのような気がするのだ。

何組ものアジア人女性と日本人男性のカップルとつきあってきた。少し強引かもしれないが、互いの言葉をある程度、理解できる夫婦はトラブルが少ないような気がしている。タイ人女性が日本語を覚え、男は日本語で貫くという夫婦はときに深刻な事態を招く。別れてしまった夫婦を何組も知っていた。相手の言葉を互いに勉強することは、夫婦という契約を続ける誠意のような気もするのだ。たまたま前日、英語を話す青年が現れた。彼に通訳を頼み、年寄りの説教にも似ていると思いながらも、そんな話をした。

トゥクは早起きし、単語集を買ってきたようだった。しばらくすると、英語を話す青年が現れた。彼は大学に外国人向けのベトナム語講座があることや、日本語を身につけた女性の先生が家庭教師もしてくれることを伝えにきた。トゥクから頼まれたようだった。

「その先生に来てもらえば、僕がベトナム語を覚えて、トゥクが日本語を学べばいいじゃないですか」

秋元がそういった。そう簡単なことではないと思ったが、なにもしないよりはいい気がした。

その日の午後、僕は空港に向かった。ふたりが見送りにきてくれた。途中、市場に寄った。前夜、並べられた料理のひとつに、生のコショウが入っていた。それが好きだといった僕の言葉を秋元は覚えていた。

「こんなものですいません」

僕への手土産を買ったのだった。

一緒に食事をしていても思うのだが、秋元は細かいことによく気がついた。グラスに注がれたビールのなかに浮く氷が減ってくると、さっと入れてくれるような、優しい男だった。老夫婦の家にいたときも、猫への餌はいつも彼が用意していた。そんな繊細さがマイナスに振れ、被害妄想という仄暗《ほのぐら》い世界に引きずり込まれてしまったのかもしれない。

空港で別れた。ふたりはいつまでも手を振ってくれた。その姿をガラス越しに眺めながら、なんとなく、うまくやっていけるような気がした。

ことはそうスムーズには運ばなかった。言葉を習う時間もなく、ふたりはホーチミンシティを離れ、田舎の村に移ったことを後日、知ることになる。

突き詰めれば金ということかもしれない。いや、秋元に関係なくできあがってしまった日本という存在なのだろうか。

▼三千ドルの波紋

それがどういう金だったのか、僕は詳しくは知らない。秋元が老夫婦とベトナムを離れるとき、彼はトゥクに三千ドルを託した。秋元は結婚費用のつもりだったようだ。アジアでは、役所に入籍届けを出すことより、盛大な結婚式を挙げることが、結婚の証のような風潮がある。収入の少ない夫婦も多いが、多少の無理をしても結婚式にこだわる。一時的であったにせよ、ベトナムを離れる秋元はそれを知った。彼は日本人である。式を挙げないわけにもいかないだろう。三千ドルという金は、必ずベトナムに戻るという気持ちをトゥクに伝えたかったのかもしれない。言葉が通じない相手に金を託すということは、そんな意味あいもあったのだろうか。

トゥクはその金を、世話になる姉に預けた。その金がなくなったわけではない。姉はしっかりと保管していた。しかし庶民にとって三千ドルという大金は、静かだった池に投げ込まれた小石のように、平穏だった暮らしに波紋を起こしてしまった。

「姉が借金を頼んできたんです。それに僕らの家賃と、食事をつくるトゥクへの給料でも少しもめたみたい。そのへんは、よくわからないんです。姉の家にしばらくいたんですが、ある日突然、ここを出て、私が生まれ育った村に行かないかってトゥクがいいはじめたんです」

空港で別れてから数カ月がすぎていた。バンコクに用事があり、そのついでにベトナムを訪ねた。ふたりはまた、空港にやってきてくれた。

彼らが暮らす村は、ホーチミンシティから車で二時間ほどのところにあるようだった。そこに向かう途中、川沿いの食堂に入った。そこで彼は、村に移った経緯を話しはじめた。

彼はこの年代にしては珍しく、パソコンを使わなかった。日本にいたときも携帯メール程度だったらしい。彼はときどき電話をかけてきた。村に移ったことは教えられていたが、その経緯までは知らなかった。

「彼女が姉に対して、すごく怒ったんです。このお金はそういうお金じゃないって。

僕としたら、世話にもなったし、多少、金を貸すことは……とは思ったんですけど、彼女は譲りませんでした。ああ見えても、けっこう気が強いんです。それに結婚式の日どりも決まりました。バイクも買ったんですよ。二千ドル……いろいろあったんです」

ふたりが借りていたのは、砂埃が舞う村の街道に面した家の二階だった。別の姉の家だった。姉の夫は医師で、村の診療所に勤務していた。医者だから、かなりの高給なのかと思ったが、月給が三十ドルと聞いて、耳を疑った。

ホーチミンシティでは、フォーというそばが一杯一ドル以上する。田舎の物価は安いが、いくらなんでも三十ドルは安すぎだ。アジアの医者は副収入がかなりあるから、三十ドルというのは、政府が支給する額ということなのかもしれなかった。実際、医者といっても、それほど裕福ではなさそうだった。道に面してガラスケースが置かれ、そこで薬も売っていた。

ふたりの部屋は、入口を入った土間のようなところにある、非常用のような金属製の急な階段を登らなければならなかった。裸電球が吊るされた暗い部屋だった。

トイレや水浴び場は一階だった。コンクリートで仕切られた水槽があり、その水を汲んで汗を流すスタイルだった。トイレはアジアの田舎に多いしゃがむスタイルで、用をたした後は水で流すことになる。窓が小さいためか、昼でも暗く、小さな電灯をつけると、そこに羽虫が集まってきた。

はじめて秋元に会い、近くの廟まで散歩に行ったときのことを思い出した。トイレがベトナム式だというと、秋元は、「僕には無理……」といった。その頃に比べれば、ずいぶん逞しくなったということだろうか。少し無理をしているようにも思えた。

「テレビは一階にあるんですけど、見てもなにもわからない。夕飯を食べて七時か八時ぐらいに寝ちゃうこともあるんです。これだけ早く寝ると、さすがに三時か四時には目が覚めちゃう。そこでトイレに行くんです。大きいほうは、その時間にしか出ないんです。そして水を浴びて、また寝る」

ウイスキーを飲みながら話しはじめた。ホーチミンシティで買ったというアルミホイルに包まれたチーズがつまみだった。でも冷蔵庫がないから、クリームのように軟らかくなってしまう。

「実はここも、来週になったら出るんです。トゥクが、『ここを出ましょう』っていうもんだから。理由はやっぱり金です。この家の周りは、親戚だらけなんです」

最初、この家の裏にある兄の家から話があった。家の塀を修理したいんで、少し融通してくれないか……と。トゥクはこの話を断った。そしていま借りている家の主人から相談を受けた。

「結婚式が絡んでいるんです。こちらの結婚式は、結婚する家、つまり僕が全額を出すスタイルと、祝儀をもらう方法があるそうなんです。例えば、食事や会場、衣装など全部で三千ドルの内容にして、全額、僕が出す。あるいは四千ドルの内容にして、千ドル分を祝儀で補う。僕が三千ドル払うことに変わりはないんですけど。僕は三千ドルの内容にして、祝儀なしにしようと思ったんです。せっかく来てくれるんだし、そのほうがすっきりするでしょ。そうしたら、この家の主人が四千ドルの内容にして、祝儀をもらうほうがいいっていうんです。そしてその千ドル分を貸してくれないかって。つまりは千ドルの借金の申し出だったんです。これでまたトゥクが怒ってしまって……もう、この家を出ようって……」

姉たちの家に世話になり、借金の話が出てくると、その家を出ていく。親族の家を転々としているようなものだった。

トゥクのふたりの姉やその家族と会っていた。皆、悪い人ではなかった。僕はアジアを歩くことが多い。狡猾な奴か、正直な人間か……ある程度の判断はつく。そんな目線で眺めれば、皆、正直な人たちだった。

しかし、秋元は日本人だった。

アジアの人々の目に映る日本人は、豊かさをまとっていた。彼らが目にする日本人は、高級ホテルに泊まり、高いレストランのテーブルに座る姿だった。彼らの月給分を、一日で使っても平気な人たちだった。ときどきテレビに映る日本社会は、インフラが整い豊かさを享受していた。日本旅行など夢のまた夢だった。

「日本人はバナナ」

と揶揄《やゆ》する言葉がアジアにはある。外側は黄色いが、中身は白い……。つまり、黄色人種の肌の色をしているが、本質は欧米人だと……。ときに日本人批判に使われるこの言葉の背後には、豊かな日本人への羨望が潜んでいた。

僕はタイ語を習った。だからある程度、タイ語を理解することができる。バンコクに暮らしていたとき、知人らが数人で日本からやってきたことがあった。彼らの車をチャーターするために、ある旅行会社を訪ねた。そこのスタッフは、代金を示しながらこういった。

「タイ人ならこの値段ですが、日本人はこのくらいの料金を払ってください」

そういわれると返す言葉もなかった。

日本人が月々受けとる給料は、彼らの十倍、いや二十倍だった。日本の物価はとびきり高く、生活は決して楽ではないのだが、その部分はすっぽりと抜け落ち、高い給

ベトナムの緑は濃い。日射しも強烈だ。このなかでは、彼の病巣も居場所がなかったのだろうか

料だけがひとり歩きしていた。仮に三十万円を超える給料をもらっているなら、当時のレートで三千ドルにもなる。それだけもらっていれば、千ドルを用立てることは、そんなに難しいことではないはずだ。アジア人が頭のなかで、そんな計算をしてしまうことはおかしなことではない。

しかし秋元は何年もの間、仕事に就いていなかった。統合失調症を患っていたと説明しても、それがどういうことなのかわかる人は少ない。もし、理解したとしたら、今度は入院という話になってしまう。

▼母の家で

おぼろげかもしれないが、秋元を理解しているのはトゥクだけだった。彼女は締まり屋だった。老夫婦の家でお手伝いさんとしてもらった給料を貯め、マンゴーの苗を買っていた。実家の裏にそれを植えた。何年かすればそこに実がつき、収入になる。そんな女性だった。だから、秋元の内実も知らずに、借金話を口にする姉たちが許せなかったのかもしれない。

ふたりは、親戚の家を転々とするしかなかった。

残るのはトゥクの母の家しかなかった。母は彼らが二階を借りた家のすぐ近くに住んでいた。しかし、母にも問題があった。

トゥクの母は後妻だった。父は他界していた。彼女が幼い頃、家にやってきた母はけちだった。子供たちへのこづかいもほとんど渡さなかった。子供の頃の記憶は、ひもじさだけしかないという。それでいながら、母はしっかり金を貯めていた。子供たちは皆、そんな母を嫌っていた。村に住んでいても、子供たちと同居しないのは、そんな理由があった。そんな母の家に、秋元とトゥクは移るしかなかった。トゥクの姉たちにしたら、それは面白くないことでもあった。

仕事もせず、ただ家でぶらぶらしているように映る秋元は、ベトナム人にしたら理解に苦しむ存在だった。老夫婦の家にいたとき、彼は家の入口で、短パン一枚になって肌を焼いていた。体にできた発疹が治れば……という思いもあったのだが、通りすがりのベトナム人から、

「ばか」

といわれたことがあった。東南アジアの人々は肌が日に焼けることを嫌う。女性はとくにそうだ。バイクに乗るときも、腕はもちろん、顔まで隠す。サングラスをかけ

ると、昔、日本で流行った月光仮面のようになってしまう。そんななか、全身を日に焼く秋元は、「ばか」に映ったのだろう。彼も少しずつ、言葉を覚えていた。指さし会話帳に「ばか」があったのだろうか。あるいはトゥクが教えてくれたのだろうか。以来、秋元は、この「ばか」という言葉を何回か耳にするようになる。

田舎の村に暮らすようになって、そんな視線も何回か感じるようになる。実際に「ばか」といわれたことも何回かある。なんの仕事もせず、外に出るときは犬の散歩といった姿を見ながら、

「あいつは、ばかな日本人じゃないか」

と村の人々は囁いていたのだろう。

結婚式を挙げ、バイクを買ったのも、そんな声が届いたからだ。

「あの日本人は、結婚式も挙げなければ、バイクもない」

そんな声を秋元なりに見返してやりたかったのだろうか。

老人なら、周囲の目も違っただろう。しかし秋元は四十そこそこ。見た目も若く見える。

一度、トゥクに相談したことがあるという。

「ばかっていった村の人に、ばかっていい返していいかな」

「どんどんいい返しなさい。皆、あなたのことをわかっていないんだから」

トゥクは秋元以上に、村の人々のそんな視線に晒されていた。なにも知らない村の人のなかには、うまく日本人と結婚したな……というやっかみもある。

ふたりは母の家に移った。

ある日、裏庭に短い竹の棒を組んだものが刺さっていたことがあった。

「なんだろうか」

それを見たトゥクの顔色が変わった。それは、この地域に残る呪いのようなものだった。バリ島に残るといわれるブラックマジックのようなものだろうか。他人を陥れるために呪術師に依頼して呪いをかけるという、あれである。トゥクはあわてて、その竹棒をかたづけ、その場所におしっこをかけたという。

あるときは、ラップにくるまれた五寸くぎが地面に刺さっていたこともあった。村人のいやがらせだった。トゥクへのやっかみといったほうがいいだろうか。

「僕はそんなもの気にしないから……」

秋元はそういったが、トゥクの表情は晴れなかった。

これからも、さまざまなトラブルが降りかかってくる気がする。

しかし秋元は、この国を離れるつもりはない。

「いろいろあるけど、やっぱりここはいい国なんです。皆、貧しいけど、楽しく生きてる。スッと楽になる国なんです。この国が僕の病気を治してくれたし、トゥクにも出会えた。ここは、金がなくても、なんとかなる。これから？　まあ、なんとかなるでしょう。無一文になっても、ここならやっていけるような気がする。甘いっていわれるかもしれないけど」

秋元はいまも、トゥクの母の家で暮らしている。

彼の家には、結婚式を撮影したＤＶＤがあるという。

「すごく恥ずかしいけど、まあ、観にきてください」

と秋元からいわれている。

▼妻が働き、自分は無職

秋元はまだ、ホーチミンシティから車で二時間ほどの村に暮らしている。子供も生まれた。もう四歳ぐらいになっただろうか。いまはこの村で最初に暮らした家の裏にあばら家を建てて暮らしている。

その後も、親戚とはいろいろあったようだった。夫が医師だった姉はもういないという。夫が別の女性と暮らしはじめてしまい、子供たちを連れてダナンの方に行ってしまったという。その家にはすでに結婚した姉の長男が暮らしていた。ある意味、気楽なベトナム暮らしのようにも映る。

しかし彼は働いていない。収入はない。一度、親戚の紹介で、村からそう遠くない国道沿いのガソリンスタンドで働いたという。といっても、実際に働いたのはトゥクで、スタッフの食事づくりだった。彼は子供の世話をしていたという。

「ガソリンを入れるぐらいならできるんじゃないの？」

と水をむけたことがあった。彼は、「言葉ができないから」と答えるだけだった。トゥクの仕事に対して、月に百ドルをもらえたという。ガソリンスタンド脇にある建物で暮らしていたが、コンクリートづくりの快適な家だったという。しかし三カ月ほどでいまの家に戻ったという。理由を訊いても、秋元は、「トゥクが決めたことだから」というだけだった。

僕はいつも、彼の村の近くまでバスで向かった。国道沿いで降りて電話をすると、秋元がバイクで迎えにきてくれた。一度、僕を後ろに乗せた状態で、向かいから走ってきたバイクと接触したことがあった。彼は指を挟んでしまい、村の診療所に向かった。治療費は薬も合わせて二十五ドルだった。しかし秋元には、その金がなかった。

「絶対に返しますから」

と彼はいった。ドル紙幣を渡しながら、これからどうするつもりなのかと悩んでしまった。

彼のところには、日本にいる親から、菓子や缶詰などがときどき届く。そのなかに、三百ドル、四百ドルといった金が入っているようだった。彼とトゥク、そして子供は、その金で暮らしていた。

周辺からは景気のいい話が聞こえてきた。近くに工場が建ち、村の若者が働きにいくようになったという。最初の月給は百ドルだが、能力によってあがっていくようだった。

ホーチミンシティできちんと会社勤めをしているベトナム人の知人は、毎年、二十五パーセントほど給料があがっているといった。羨むような好景気は、しだいにベトナムの田舎にも波及しはじめたのだろう。

村には携帯電話ショップ、バイクのアクセサリー店、ネットがつながるカフェなどもオープンした。

しかし秋元の周りには、なにひとつ風が吹いていなかった。朝起き、甘いアイスティを飲み、子供の世話をしていると昼になる。午後、水を浴び、昼寝をする。夕方、雑貨屋で買った安い酒を少し飲み、夕飯を食べると眠くなる。そんな暮らしぶりだった。

薬は飲んでいない、というか、薬を買う金はない。二年ほど前、一度、不安定な時期があったという。二、三カ月、部屋にこもっていたらしい。

子供ができたら働くことを考えるのではないか……という気もしていた。しかし秋元の暮らしは変わらなかった。彼を支えている、親からの仕送りにも限界がある。おそらく年金の一部をベトナムに送っているのだろう。親が死ねばそれも途絶えることになる。

しかしその前に、ベトナムのビザが厳しくなってきた。親のつながりで、現地の会社の幽霊社員にしてもらっているようなのだが、それがしだいに難しくなってきたらしい。やはり働かずに、海外で暮らすということは、いつまでも続けられることではない。

「親からある程度まとまった金を工面してもらって、それを元手にトゥクと店を開こうと思うんです。ホーチミンシティで服を仕入れて、この村で売ればいいっていって、トゥクがいってます」

だいぶ前にも、同じことを聞いたような気がする。しかし話は一向に、前には進んでいない。

CHIANG MAI
THAILAND

第8話

ホームレス

◈タイ・チェンマイ

▼チェンマイホームレス日記

タイのチェンマイで、三冊のノートを渡された。表紙に熊やイチゴのイラストが躍る安い学習ノートだ。表紙をめくると、一枚目に几帳面な文字が記されていた。

『(仮題) チェンマイホームレス日記』

チェンマイでホームレスとして暮らす鈴木一郎(仮名)が書き綴ったノートだった。五十六歳だという。三冊目の途中まで、細かな文字でぎっしり埋まっていた。

二〇一二年の八月、鈴木は本の万引きの現行犯として捕まった。しかしいまも、チェンマイのホームレスである。その顚末は、追って彼のノートから転載するが、前にもましてホームレス暮らしは厳しくなった。空腹との闘いはいまも続いていた。

鈴木がチェンマイにやってきたのは、二〇一〇年の九月だった。

その約一年前、彼は妻や子供にも告げずに東京の自宅を出た。失踪。昔の表現を使えば蒸発だった。転職を繰り返した人生だった。最後は自営の道を選んだが、うまくはいかなかった。妻とは諍《いさか》いが絶えなかった。事務所に寝泊まりすることも多かった。すでに別居状態に近かったという。

疲れてしまった。彼の言葉を借りれば、そういうことらしい。二〇一〇年、チェンマイにやってきたとき、十万円そこそこの金しかもっていなかった。彼はチェンマイでの死を覚悟していた。

ノートはチェンマイに着いた頃からはじまる。分量が多いため、多くを割愛したが、できるだけ原文のまま紹介することにする（一バーツは変動するが、当時のレートの約二・五円〜三円で計算している）。

俺には前歴がある。二〇〇九年六月、日本を脱出し、バンコク、チェンマイ、チェンライ、ラオスを転々とし、再びバンコクに舞い戻るも、資金も底をつき、途方にくれ、当初の決心もくずれ去り、友人の説得と助けもあり、二〇一〇年の一月に帰国。帰国後は以前の仕事関係者の紹介で主に現場工事、メンテナンスの仕事をした。仕事のある間は、安ホテルですごして出費をおさえた。仕事がなくなると、再びタイへ。格安チケットを入手すれば、一カ月タイに暮らすのも日本で暮らすのも費用に差はない。

再帰国後、約二カ月働き、再びタイへ……。

俺には健康上の問題もあり、血圧、その他の薬も常用していたが、家を出てからは保険もなく、日本では医者にも行けないので、薬も手に入れることができなかった。市販で代用できるような薬を買って飲んでみたが、費用がかかるだけであまり効果がなく、体調不良の日が続いた。

その点、タイでは簡単に安く薬が買える。手持ちのお金を使い果たした所で薬も買えなくなるだろうし、その時はこの世とおさらば。楽になれる……。

そんな簡単に楽になれないことは、本人がいちばんよく知っているはずである。そんな思いを乗せながら、ボーイング777はバンコクに向かっている。二〇一〇年九月二十日の早朝、バンコク着。そしてチェンマイへ。午前七時三十分チェンマイ着。

気分転換に、二、三日どこかへ行こうか。今度はバスでチェンライへ行こう。でも、よくないことは重なるもので、バスターミナルで食事と買い物をしようとバッグをワイヤーロックで椅子につないで、しばらく離れた間に、カッターナイフかなにかで切り裂かれた跡が。バッグのなかのビニールケースがない。中には現金、十万円と書類が……。中を確認している時に誰かが見ていたのだ……。旅は中止だ。部屋に帰る。

目の前が真っ暗だ。残金もわずかになってしまった。年末には安い部屋に変わろう。

十二月二十九日からグッドウィルゲストハウスに変わる。一泊二百五十バーツ。安くもないか。決断と行動が一致しない。俺の人生そのものだ。でもキッチンが自由に使えるから、近くの市場で買い物をして自炊すれば、食費はおさえられるはずだ。年明けにはビザを延長するためにイミグレーションに行かなければ。血圧の薬もなくなる。それどころか、生活費にこと欠いている始末。

（中略）

ついにイミグレーションの手続きの期日。手元にはわずかな現金しかなく、千九百バーツが工面できない……。

晴れてオーバーステイヤーの仲間入り……。そしてゲストハウスに宿泊する費用もなくなり、薬もなくなり、めでたく？　新しい人生の門出を迎える。チェンマイホームレスデビューにいたる。

これからどうして生きていこうか？（いや人間としてはすでに終わっている）。なにかホームレスのマニュアルはないものか？（あるわけがない）。どうやって食べ物にありつくか？　どこで寝るか？　洗濯はどうする？　荷物はどうするか？　不安だらけのスタートである（血圧の薬がなくなったのですぐに終わるか）。最初からそのつもりであったはず。未練がましい奴。早く終わってしまえ。自分でしかりつける。

最初どういう風にすごしてよいかわからず、無駄にチェンマイ市内をうろつくだけ。お腹はすくし、ノドも渇く。最初の三日間は飲まず食わずでナイトバザール付近やターペー門付近にねぐらを求めて歩きまわり、ナイトバザールのマクドナルド裏のベンチですごすも、夜中の二時頃にガードマンに追い出され、最終的にはターペー門の植木囲いのベンチで座って眠った。まだ横になる勇気がなかった。三日目をすぎた頃、身も心もクタクタになり、以前に宿泊していたゲストハウスに知り合いの日本人を訪ね、手元にあったミュージックプレーヤーを千バーツで買ってもらい、当日はそのゲストハウスで宿泊。洗濯をすませて、チェックアウト時間までひたすら眠った。宿泊費、食費などを含めて三百五十バーツの出費。残金六百五十バーツを手にチェッ

チェンマイの旧市街は堀に囲まれている。水はやや臭いが、古都風情は漂ってくる

クアウト。

今日はこれからどうしようか。また市内をいたずらに歩きまわるだけの日々をすごすのか。体を休めることができる所。トイレ、水のあるところ。そうだお寺をまわってみよう。フリーマップを片手に市内のお寺をすべてまわり、休息できるところをピックアップした。

(中略)

昼間はお寺を渡り歩けばいいが、問題は夜のねぐらと食事である。ターペー門付近で夜をすごしていたが、なれないせいかよく眠れず、また、残金が乏しい中で十バーツバナナで飢えをしのいでいたのであるが、ある時、強烈な便秘が。恥ずかしい話だが、トイレに一時間以上も座り込み、自ら手で肛門を開き、指でかき出す始末。とても人様にはお見せできる状況ではない(誰も見たくないだろうが)。長時間のバトルの末、やっと勝利を収める。もっとこまめに水分補給をしなければ、また同じことを繰り返す。気をつけよう。

それにしてもお腹がすいた。なにか食べ物にありつける方法はないものか……。そうだ、以前よく泊まっていたナイスアパート。バナナと飲み物がフリーサービスであ

ターペー門は観光地でもある。鈴木のホームレス生活は、この周辺からはじまった

る。よく日本人も宿泊している。友達を訪ねるふりをして、食事にありつけるかも。（中略）そして件《くだん》のアパートへ。「ハロー、久しぶり」「友達泊まっていない？」「まだ来てないみたい」「ちょっとそこに座っていい？」「いいよ。コーヒーもバナナもあるから好きにして」

思い通りの展開である。人がいないスキを見て、バナナを五本、カバンに入れる。あとは紅茶……バナナをお腹に詰め込んで、途中、宿泊客の日本人を見かけたので少し話し、また、明後日ぐらいに来ますと再会を約束。最後にコーヒーで仕上げ、アパートを後にした。二日後、再訪したことはいうまでもない。ゴメンなさい。

よく眠れないため、神経がまいる。どこかいいねぐらはないものか？　夜、ターペーロードを歩いていて、以前に借りていた部屋を見ると、灯がついていない。翌日、翌々日と確認するも同じ状況である。マンスリー契約である。部屋は空いているようだ。手元には、以前につくったスペアーキーがある。明日、決行。

以前に住んでいたので、受付の女性と掃除の女性は五時すぎに帰るし、ガードマンは七時に来て、八時〜九時の間に巡回することを知っていた。その間をついて、無事にエントランスを通過できれば、部屋までたどり着くことができる。

決行当日、夕方六時前、エントランス付近で住人が通るのを待つ。カードキーがないと入れないのだ。待つこと二、三分。女性が買い物袋をさげて帰宅。俺もバイクの駐車場から来たふりをして女性に続いてエントランスに入る。用心のため、二基あるエレベーターの別のほうへ。以前は十四階に住んでいたが、手前の階で降りて、後は階段をあがる。そして以前の部屋の前に立つ。ノックして誰かが出たら、部屋を間違えたふりをしよう。

ドキドキする。小心者の俺にとっては、心臓が口からトビ出しそうである。

トントン、トントン。二度、三度ノックを繰り返すが応答がない。誰も部屋の中にいないようだ。手持ちのキーを差し込んでみる。ドアノブは取り替えていないようだ。キーをまわす。ドアは開いた。静かに部屋の中に入り、ドアを閉める。履いていたサンダルを脱ぐ。

ゆっくり部屋を見まわしてみるが、俺が住んでいた時のままであった。ベッドカバー、枕カバーも俺が使っていたものである。

薄暗い中、水と電気を確認。冷蔵庫のコンセントは抜かれていたが、あとは問題ない。念のため、洋服ダンス、ドレッサー、サイドボードも確認。ＯＫである。シャワールームの灯はあまり外にもれない。シャワーと洗濯をすませ、洗濯物をバルコニーの転落防止用のネットにハンガーにかけて干す。以前、すんでいた時と同じだ。風の通りがいいので、朝までには乾くはずだ。部屋の数が多いので、夜目ではどこの部屋の洗濯物かわかりにくい。俺自身で確認ずみだ。

あとはひたすら眠る。その時はまだ携帯電話をもっていたので、アラームを午前五時にセット。ガードマンは午前六時ぐらいに帰るはずだから、六時半ぐらいに出れば、うす明かりだから目立たないであろう。

朝、忘れ物がないか確認。シャワーの後の濡れたタイルはタオルでふき取り、きれいにする。

部屋を出る。あたりに気づかれないよう、静かにドアを開け、閉める時にドアに小さな紙片をはさんだ。紙片がなくなっていれば、誰かがドアを開けたことが確認できる。以前、映画かなにかで観たことがある。

静かに廊下を歩き、また階段を降り、エレベーターを使って二階まで。後は階段を使って一階まで。一階まで直接行くと、誰かとハチ合わせることがある。安全を確認の上、エントランスのボタンを押して通りに出る。出たところで犬に吠えられる。ビックリしたが問題はないようだ。今回のミッション終了。トムクルーズの気分である。

ときどきひやりとすることもあったが、同じことを繰り返し一週間。ふと不安がよぎり、ミッションを中止。チェンマイ駅に宿を移して二泊。快適な生活に慣れた体にはチェンマイ駅の椅子は辛い。

（中略）

その後、五日間ほど宿泊を繰り返し、六日目の夜、いつものように用心深くドアを開けたところ、なにかがいつもと違う。紙片もない。念のため、サイドボードの左の引き出しを確認。やはり栓抜きはなくなっていた。残念だが、今夜は別のところへ泊まろう。

翌日、いつものごとく昼間はお寺を転々としながらすごし、夕方、元俺の部屋の建物を外から確認すると、バルコニーのドアが開け放たれ、洗濯物が干してあるではないか。入居した人がいるようだ。残念ではあるが、快適な生活とはお別れである。

約二週間、快適な暮らしをさせていただいて有難うございました。そして本当にごめんなさい。

また、部屋が空きましたら、宜しくお願いします。コラー。


チェンマイ駅で寝ることが多くなった。駅は旧市内から徒歩二十分の好立地である。ここには四人がけのプラスチック椅子と、プラットホームとトイレ付近に木製べンチがある。眠るには木製ベンチがおすすめである。ただし、やたらと蚊が多いのには参った。

夜十時すぎにバンコク行き最終列車。翌朝の一番列車が到着するまでの間をすごした。トイレは一カ所一バーツ、シャワーは十バーツ。

一週間ぐらい連続ですごした頃、プラットホームのベンチで横になっていると、警察官から身分証の提示を求められる。パスポートのコピーを見せるが、納得してもらえず、ブック、ブック、ブックと叫ぶ。英語がよくわからないらしく、もうひとりの警官を呼び話をした。あくまでもパスポートの本書を見せろという。パスポートはお尻のポケットにあったが、見せればオーバーステイがバレる。これだけは見せられない。幸いにしてビエンチャンでビザを取得した時の発給控を持っていた。それを見せた。ダブルビザとビザナンバーが入っていたので、やっと警官も了解。ビザ延長に行っていないことがバレずに助かった。でもチケットもなく、ここでなにをしている、と問われる。俺はここで明朝着の列車でバンコクから来る友達を待っているといい張ったが、とにかく今日はホテルに帰れといわれ、真夜中のチェンマイの街をうろつくハメになった。

明日からまた、場所を変えなければ……。

チェンマイのアーケードバスターミナル。鈴木はよくここにいた

チェンマイには二カ所のバスターミナルがある。ひとつはチャンプアックと呼ばれ、主に近距離用。そしてもうひとつがアーケードバスターミナル。主に長距離用である。俺が宿泊に利用したのは、アーケードの方である。旧市内から徒歩約三十分である。利用当初は現在の新しいターミナルはまだなく、旧ビルを利用していた。建物の中と外に四人がけのプラスチック椅子が配置されている。その椅子にバッグを枕にして、起伏をさけながら寝るのだ。慣れるまでには、かなり辛い思いをした。

夜九時頃に建物の出入口のシャッターが閉まり、朝の四時ぐらいまで閉まったままなので、寝るのは屋外である。屋根はあるが、寒い時期は結構辛い。それと蚊が年中いるので、蚊の対策は欠かせない。それに野良犬である。誰彼なしに野良犬にエサを与えるので、アーケードだけでも十数匹の野犬が住み着いている。中には狂暴なのがいるから気をつけないと、大変なことになる。

それにもまして要注意なのが、トゥクトゥク、ソンテオ、バイクタクシーのドライバー達、それに一般のタイ人である。よく気をつけているものの、俺も被害に遭った。人が荷物を置いたまま離れたスキ、眠っているスキをついて、たくみに品物を盗んでいる所を目《ま》のあたりにしたことがある。

しかし危険とはいえ、元アパートを追われ（追われて当然）、チェンマイ駅を追われた俺には、現在のところ、ここしかねぐらがないのである。ガマン、ガマン。

（中略）

タイ正月も近い四月初め、お金はなく、常にお腹をすかせた状態の日が続く。体重も当初からすると、約二十キロ減。おかげで多少、血圧の方も改善したのか、薬がなくなって久しいのにまだ生きている。皮肉なものである。

俺の予定ではとっくの昔に命運尽きているはずなのに……。本当は何度か自分自身で決着をつけようとしたが、小心者である。結局、なにもできなかった。

こうなれば成り行きまかせにするしか他にない。行けるところまで行く……。

そうこうしているうちに五月もすぎ、六月となる。お腹がすいた。お金はない。これからどうするか……。

いつものターペー門近くのベンチである。

売れるものはすべて売ってしまってなにもない。でも、なにかを買って食べるお金がほしい。強盗、恐喝。体力も度胸もない。

古本屋……悪魔が俺にささやいた。

でもそれはいけないことだ……。それではどうする。お腹がすいた……。自問自答する……考える。

あの通りを入った古本屋は店の表に本を並べている。店の中からは見えにくい。死角になっているようだ。これから日が落ちると周りは暗くなる。周囲も見通しにくいはずだ。念のために下見に行く。大丈夫のようで、暗くなった一時間後に……やっぱり決心がつかない。ダメダ。やめよう。引き返す。でも空腹も限界だ……。

気がつくと二冊の本を保護していた。あくまでも保護である。

少し離れた別の古本屋へ。店員は本と俺の顔をチラチラと見、しばらく考えていたが、やがて百二十バーツ。俺、OK。百二十バーツを受け取り、古本屋を後にする。

でも後味の悪いものである。情けない。

だが俺の心とはウラハラに時々保護をくり返す（心のなかでさけぶ。バカ者。早くクタバレ）。

早朝はブッパーラム寺、元の俺の部屋が見える。午前中はプラシン寺、昼頃はチェットリン寺、午後はチェディルアン寺、夕方はパンオン寺、その後ターペー門。天候やその日の気分に左右されつつも、行動がパターン化してきた。

昼間、鈴木は寺にいることが多かった。僧は彼がホームレスだと知っていたのだろうか

朝のプラシン寺では、高校生の見習い僧に日本語を教えながら（教えるといっても、発音を直したり、会話を楽しむ程度）、俺の方はタイ語のアルファベットの綴りの練習をする。タイ語が書けるようになれば、読めるようになるのではないか。そんな発想からである。

（中略）

そんなことをしているうち、プラシン寺の高校で英語を勉強している見習い僧が、「僕はカンボジアから来ています。僕のお兄さんはスワンドーク寺の仏教大学の英語コースで勉強しています。兄は日本語の勉強をしたいらしい。以前、兄に、日本語を教えていた先生（日本人）が帰国してしまったらしい。兄の寺はチャンプー寺です」という。彼はタイ語の読み書きは得意ではないので、英語で日本語を教えてほしいという。俺もタイ語はダメなので、ま、いいか……。毎週日曜日の午後に教えることになった。

俺は先生という柄ではない。ましてや食べるためとはいえ、罪をくり返している。悪人の俺が、お坊さんに教えるとは皮肉なものである。ジキルとハイドである。

その後も日本語を教えてほしいという話があった。俺は人にものを教えることなどとんでもないことと思っていたが、相手が次々に押しかけてくると断りきれない。軟弱な性格である。俺の一週間の予定は以下の通りである。

月曜日〜金曜日　午前　プラシン寺
月曜日〜金曜日　午後　チェディルアン寺
土曜日　午前　チェットリン寺
土曜日　午後　チェディルアン寺
日曜日　午前　チェットリン寺
日曜日　午後　チャンプー寺

月曜日から日曜日まで予定がギッシリだ。ハードスケジュールである。多忙な毎日になる。ホームレス先生も楽ではない。

十一月になると、チェンマイでは大きなイベントの時期になる。日本でいう灯籠《とうろう》流し、ローイクラトンである。チェンマイではイーピンフェスティバルと呼ばれる。フェスティバルが近づくと、あちらこちらから花火があがったり、気の早い人がコームローイ（熱気球式や筒型の提灯を上空に浮かべるもの）を上げたりで、本番前から盛り上がる。（中略）観光客もこのイベントを目当てにチェンマイに集まってくるため、宿泊先の確保も大変で、価格も上がるようだ。余談ではあるが、イーピンフェスティバルの後、観光客が一斉に北に移動するため、チェンライ方面の宿が満室になる。俺も数年前に経験したことがある。

でも今年はひとりぼっち。人ごみがわずらわしいだけ。アーケードバスターミナルから、どこかで打ち上げられる花火とコームローイを見上げながら、早く終わらないかなと思う。人々が楽しんでいる時が、ホームレスにとってはいちばん淋しい時である。

（中略）

俺はこれを書いている今も現役のホームレスである。元ホームレスではない。食事ができない日が続くと、体調も悪くなり、頭の痛い日が数日続くこともあり、一行も書けなくなり、終わってしまうかもしれない。でもかまわない。俺は、俺のせいで心に深いキズを残すことになってしまった子供達に……謝って許されることではない。

俺の犯した罪。父親として最低なことである。

もっと苦しみ、もがけばいい。そして地獄に落ちろ……。大バカ野郎。

俺の命と共に最終章を迎える遺書のつもりで書いている。

夜空には誰が上げているのか知らないが、無数のコームローイが……。
二〇一一年も終わりか。そして俺は……。

もうすぐタイ正月。ソンクラーンという。タイ中が盛り上がる。ホームレスの俺にはいやな季節である。去年はさんざんな思いをした。もうたくさんだ。どこかに避難したい。でもタイ中ソンクラーンだし、どこへいっても同じだろう。いや、少し郊外に行けば大丈夫のはずだ。それにしても、避難するとなると金がかかる。その金はどうするのか。

(中略)
やっぱり本の保護か。でも、今回は少しまとまったお金がほしいので、いつものやり方ではだめだ。本を手に入れることができても、まとめて売ることは困難だ。なにかいい方法はないか考える。

(中略)
身代わり。誰か代わりにいってもらえばいい。そうすれば、後で俺が行っても変に思われない。でも誰に頼むのか？　それと一度にたくさんの本を持っていると、身動きがとれない。誰かに最初の本を売ってもらってからが勝負だ。

ターペー門前の広場に座って、誰か頼めそうな人を探す。そんなところへ、顔見知りの娼婦が来る。俺の隣に座る。彼女は以前、長野県の温泉で働いていたことがある。以前は日本語をかなり使っていたが、今はほとんど忘れてしまった様子。ハーイ、フレンド、なにしてる？　「実は本を売ろうと思って。でもいい所知らないから、どの古本屋にしようかなと思って考えているところ」という。彼女はいとも簡単に、「あそこの古本屋、トイレを借りたりするんで、よく知っているから、代わりに行ってきてやろうか？　その代わりビール一本ネ」。チャッかりしている。でも、俺は彼女に頼むことにした。じゃあ、これ。本を渡す。待つこと五分。彼女は戻ってきた。二百五十バーツ。でも五十バーツはビール代。OKいいよ。彼女から二百バーツを受け取る。そして彼女、「特別割引で二百バーツでもOKよ」と商売を始めた。「また次回にでもお願いします」。「じゃあまた」。彼女はビールを買いにいった。彼女、最初に見た時はそうでもなかったのに、最近、急に太ってきたようだ。ビールの飲みすぎだな。顔はそんなに悪くないのだが……。彼女と別れて次の準備。本をゲットしては、最初の予定通り、二軒の古本屋に三回に分けて売る。極悪人である。

でも本当は、誰かに早く捕まえてもらうことを望んでいたのかもしれない。三日間の悪事で手元には約七百バーツ。久しぶりに大金である。これで正月の間、どこかへ行こう。

三日間バイクを借りる。一日百バーツ。三日間で三百バーツ。（中略）夜はアーケードバスターミナルに泊まる。

バイクを借りた翌日。サンカンペーンを越え、少し行ったナウの湖にでかけた。帰り道、アーケードバスターミナル近くの大型スーパーＢＩＧ－Ｃへ立ち寄る。以前はカルフールだったように思うが、変わったかな。店の中を歩きまわってみる。一階は自動車のショールーム、レストラン、本屋、雑貨屋、トイレｅｔｃ．。二階は電気店、パソコン、携帯、衣料品、食品、フードコートｅｔｃ・がある。それとトイレ。フードコートには無料の飲料水がある。バイクに戻って、ペットボトルを取ってきて給水。ついでにトイレで用を足し、備え付けのトイレットペーパーを戴く。バイクに水の入ったペットボトルをしまい、再び店内へ。本屋に入ってみる。売れるような本が何冊かありそうだ。でも、今日はやめておこう。

二階に上がる。食料品売り場へ行く。試食品を探す。パンとスナック菓子のようなものがあって、それを戴く。その後、少し食料品売り場をまわってから、焼き飯セット二十五バーツを買って出ようと思った。その時、悪魔が俺に再度ささやく。もっと食べたいだろ。いつも腹ペコだろう。どうせお前はいずれ、誰かに捕らえられる。早いか遅いかの差だけだろ……。

俺はレジで焼き飯の代金二十五バーツを払い店を出た。だが、俺のポケットにはチョコレートとカニのカマボコが入っていた……。

またやってしまった。毒を食らわば皿まで。やりたい放題である。この小心者の小悪党……。

(中略)

翌日、朝九時まで時間をつぶし、BIG－Cへ。二階へ上がり、フードコートで飲料水の補給。一度バイクに戻り、水を置いて再び二階へ。空揚げともち米のセット二十五バーツ。昼食である。レジで代金を支払い、外へ。そしてまた俺のポケットには、チーズとチョコレートとハムが。もう罪の意識がない……。

寺で日本語を教える日々は続いていた。そんなある日、今度は俺に英語を教えてほしいと、一年～三年生の数人の生徒が。英語？ なにかの間違いじゃないの？ 俺は英語はそんなにできないからダメ。でも、話し相手にだけでもなってくれという。しかたない。俺も一からの練習のつもりで相手をする。

(中略)

現在のところ、日本語、英語合わせて約三十名ぐらいの生徒がいるだろうか。

ひとつの顔は、親切なボランティアで教える日本人の顔……。

もうひとつは、食えなくて犯罪に走るホームレスの顔……。

もうひとつの顔の方もだんだんエスカレートしていった。

最初は古本屋、次にDKブックという新刊の書店、コンビニ、さらにBIG－C。特にBIG－Cは、大型スーパーで、いろいろなものが揃っている。本屋もある。本屋では以前、目をつけていた本を確保。そして食品コーナーでは、当然のごとく日々の食品を確保。時には衣料品コーナーでシャツや下着を確保。だんだんエスカレートしていった。

手口も少しずつ大胆になり、買い物中のタイ人の行動を参考にする。タイ人はよく、食べ物をレジに行く前に食べ、後でレジで精算したりする。俺は食品を買い物カゴに入れ、ドリンク剤などはその場で飲み、食品もその場で食べ、最後には買い物カゴを店内に放置して、そのまま出たりした。いつもすきっ腹をかかえているので、食べることに関して、執念が人一倍強くなっていたようだ。ある程度食べた後は、事前に用意したレジ袋に別の食品を入れ、そ知らぬ顔で店の外に出た。またある時は、ある程度本が売れると、そのお金でバイクを借りて、また本をゲットしたりした。

（中略）

そんなことをくり返していたある日のＢＩＧ－Ｃの食品売り場。今日はなにかが違う。なにか視線を感じる。こういう時の俺は敏感である。品物を探すふりをして、店内を移動。物陰から振り返る。なにかを感じる。また移動。振り返る。誰かが俺を見ている。見張っている。そう感じた。今日のミッションは中止だ。ゆっくりと食品コーナーを後にする。係員が俺をマークしていたようだ。俺の後をついてまわっていたと思われる。係員が引き上げていく。しばらくはおとなしくしていよう。

今日は少しお金がある。久しぶりにバイクを借りよう。いつものバイクショップへ。百バーツとデポジット代わりにパスポートを預ける。バイクがあるから急いでバスターミナルに帰る必要はない。そうだ。ＤＫブックに行こう。ＤＫブックにバイクを走らせる。書店の中に入る。なにかいつもと感じが違う。なんだろう。考える。そうか。少しレイアウトを変えたな。でもそれだけではないようだ。なにかが違う。

今までの俺なら、そう感じたらなにもしないで立ち去っていただろう。でも今の俺は、誰かに幕を引いてもらうことを願っている自分が心の中にいることを知っている。覚悟を決めて本を確保。ゆっくりと入った方とは違う所から店を出て、トイレへ。小便をすませてバイクの方へ向かった。

ターペー門の前の広場でバイクを停める。そしてさっきのできごとを思い出す。なにかがいつもと違っていた。なんだろう。でも、仕方ない。本を手に古本屋へ。二冊で百八十バーツのお金を受け取る。

(中略)

翌日、バイクを返すまでに時間があった。そうだ。本屋に行って立ち読みでもして時間をつぶしてからバイクを返そう。今日は悪いことはしない。本を読むだけだ。

DKブックに入る。雑誌のあるブースへ。しばらく本を読んでいると、いきなり誰かに服のえり首をつかまれた。そのまま店の外へ引っ張っていかれた。トイレのある方の出入口だ。店の外には警察官が立っていた。だが事態を飲み込めていない。説明を求めようにも言葉が通じない。警察官は店員を呼んでなにか話している。俺に間違いないか確認している様子だ。その後、俺のえり首をつかんだ男の方が自分のIDカードを見せた。俺にも身分証を見せろといっているらしい。俺はパスポートのコピーを持っていたので、それを渡した。彼らの会話の中に、ビデオという単語が聞こえる。ビデオはタイ語でもビデオかな。もしかしたら、昨日のことがビデオに映っていたのかもしれない。そうでないと、いきなり身柄拘束するなんてことはありえない。

身分証の後はボディチェック。ポケットに入っていたナイフとフォーク、スプーンのセット（折りたたみ式）を取り上げられる。それと腰にかけていたキーとバイクのキー。バイクはドコだというような仕草。最後は下手な小細工や悪アガキはしないと決めていたので、自らバイクを停めてある所へ案内。ヘルメットがふたつある。誰かが一緒かというようなジェスチャー。俺も一人だというジェスチャー。そんなことをしているうちに、警察のピックアップ車両が到着。それに乗れといっているらしい。バッグと共に車の荷台に乗せられる。俺のバイクは別の警察官が運転して、後ろからついてくる。雨がポツリ、ポツリと降り出した。意外と俺の心はおだやかで、これでやっと終われる、捕まったことよりも、今までの生活にピリオドを打てる安堵感のほうが先に立った。やっとこれで終われる。なにかホッとしたような気分だ。

強制送還の選択肢は俺にはない。そうすると結論はひとつ。やっと幕を引くことができる。俺を乗せた警察のピックアップトラックは、降り出した雨のなかを警察署へと向かっている。

チェンマイ市内の警察署。俺はタイ語がほとんどわからない。警察官も言葉が通じず、手を焼いているようだ。しばらくして、先程、押収されたバイクのレンタルバイク店の責任者が、デポジットに預けていた俺のパスポートを持って現れた。

(中略)

正直、俺は逮捕されたことでホッとしていた。これでやっと、あの情けないホームレスの生活の幕を引くことができる。俺にとっては、長く辛い日々だった。誰かが捕まえてくれる日を待っていたような気がする。

俺は強制送還される意思はまったくない。それ以外の罪を受け入れることがあってもだ(多分、それも受け入れないだろう)。

ただその前に自分自身で幕を引くつもりだ。いや、幕を引かなければいけない。せっかく幕を引くキッカケを作ってくれたのだから。

(中略)

そんなことをしている時に、日本語で声がかかった。「どうしたんですか?」。ボランティアでツーリストポリスをしている日本人らしい。俺は言葉が通じないのでよくわからないがと、説明を始めると、会話をさえぎるように警察官から呼ばれる。だが、俺には部屋の外で待っていろといわれたので、しばらく外で待つことに。ツーリストポリスの日本人だけが部屋の中に入っていった。

部屋の外で待っている時に、別の警察官が俺の側にきて、百バーツ札を出してなにかいっている。あたりを見たが、俺ひとりしかここにはいない。その警察官に俺は自分自身に指を差し、「俺に百バーツをくれるのか?」という仕草をしてみせると、この百バーツでなにかを食べろ、という仕草。変だな。多分、俺はしばらく警察に拘束される。外に出ることはできないと勝手に思い込んでいたが。好意を受け入れることにして、両手を合わせて、ありがとう、といい、百バーツを受け取った。

今はツーリストポリスの日本人と警察官と本屋の人が部屋の中にいる。後でなにか聞かれるだろう、勝手にそう思い込んでいたが。結局、最後までひと言の質問も俺にはなかった。次に写真を撮るから場所を移動しろ、とのこと。建物を移動して写真を撮る。そして元の建物へ。ツーリストポリスの日本人と警察官がしばらく話をして、ツーリストポリスの人が、「今日はこれで帰っていいが、居場所だけははっきりさせてほしい」とのこと。

え……当然俺は、しばらく警察に拘束されると思っていた。そして最期の幕引きのための心構えの気持ちをたかめていこうとしている最中のことであった。全身から力が抜けていくようだ……。

ホームレスの俺に居場所をはっきりさせろといわれても……。

思いがけない展開になってしまった。

(中略)

警察署の玄関先。夕方から降り出した雨は豪雨になっていた。(中略)俺の頭の中はなにひとつまとまっていない。今までの生活に幕を引くことができると思い込んでいた俺には、本当に思いがけない展開だったのだ。警察は俺のパスポートと折りたたみ式のナイフとスプーンのセットを没収しただけで解放されたのであった。

(中略)

俺はバッグの中からレインポンチョを取り出し、それをバッグの上からかぶり、ズボンのスソをヒザまでたくしあげて、土砂降りの雨のなかを歩き出した。川のようになった旧市内の道路。サンデーマーケットもだいなしだ。

土砂降りの川のようになった道路。多分、これが、この後、歩くことになる人生の暗示ではないだろうか? そう簡単に楽になれないよ。もっともっともがき、苦しめ。そういっているようである。

結局、俺には住みなれた(?)アーケードバスターミナルへ戻っていた。激しい雨の中、身も心もボロボロである。お腹はすいているが、なにかを食べる気力もない。その夜は、そのまま、食事もしないで眠った。

ノートはまだ続いている。二〇一二年八月に警察に連行されてからも、ホームレスであることに変わりはないからだ。一時は中断していたが、日本語と英語を教えるために寺にも通っている。ホームレス先生である。ねぐらはアーケードバスターミナルが多い。

なぜ警察は彼を捕まえなかったのか。関係者は口を濁すが、どうも鈴木を可哀想に思ったからのようだ。

連行されたとき、彼の所持金はほとんどなかった。ビザが切れて一年半以上になる。その罰金は二万バーツ。強制送還となれば、日本までの航空券を用意しなくてはならない。そんな金は鈴木にはなかったし、強制送還を拒む可能性もあった。収監したとしても大変である。ことを先送りしたいという思いもあっただろうが、日本人ホームレスへの同情が釈放の背後にはあったようだ。

しかし、その優しさは、鈴木をあの耐え難い飢えに追い込んでいく。もう、書店や大型スーパーでの万引きはできなかった。同情より金だった。収監してくれたら、この空腹からは解放される。

二〇一二年の十一月初旬、チェンマイで鈴木に会った。ホームレスとは思えないほど、こざっぱりとしていた。饐《す》えた臭いもしない。七十五キロあったという体重は二十キロ以上減り、スリムな容姿は健康な中年日本人にも映る。しかし彼はホームレスなのだ。

「明日はどうなるかわかりませんけど」

彼は何回も確認するかのようにいった。そこでノートを渡された。宿に戻り、一日かけて読んだ。僕はアーケードバスターミナルに向かっていた。探すのに苦労した。バスを待つ客に紛れ、周囲の色に体の色を合わせるカメレオンのように、ポツンとプラスチック製の椅子に座っていた。

「いつもここなんですか」

「いや、今日はここが風が通るから」

ここで朝まですごすのだ。圧倒的な時間の空白のなかに身を沈めている。僕はいつも鞄のなかに入れている金子光晴の『マレー蘭印紀行』の文庫本を渡した。

「売ってもいいけど、その前に読んでみてください」

そして五百バーツ札を一枚。日本円で千二百円ほどだが、これで鈴木は二十日は生き延びることができる。なんといって別れようかと思った。

「じゃあ、また」

そうごまかすと、

「生きていたら」
鈴木の頼りない笑みが返ってきた。

▼収容、送還、それでもバンコクへ

鈴木はそれから半年ほど後、万引きで捕まった。チェンマイのＢＩＧ－Ｃで食料品を盗んだのだという。

「捕まろうとして盗んだのかもしれないね。ホームレスがつらくなったのかも。さすがに二回目は、警察も見逃すわけにはいかない。いま、チェンマイの警察署にいますよ」

知人はそう伝えてくれた。

それから二週間ほどがたっただろうか。日程の都合がついたので、チェンマイに向かった。知人と一緒に警察署を訪ねた。

どうしてこんなに時間がかかるのだろうか……。タイの警察署でいつも思う。名前を告げてから二時間近く待たされた。そして伝えられたのは、メーサイに移送されたということだった。前日のことだった。

「メーサイ?」

「チェンマイの刑務所はいまいっぱいでね。空きがないんですよ」

係官はそういった。

メーサイはタイ最北端。ミャンマーと接する国境の街だ。ここに刑務所があるという話は、以前に聞いたことがあった。

脱北者対応だという話だった。北朝鮮から逃げた彼らは、案内人に連れられて中国を縦断。ミャンマーに入り、最後にタイに抜ける人たちがいた。タイで脱北者の申請をして韓国へ向かうのだ。最終的にはバンコクから出国になるのだが、それまでの間、収容する施設が必要だった。そのために、国境の街であるメーサイに施設をつくったようだった。

チェンマイからメーサイは近くない。バスを乗り継いでも七、八時間はかかる。そこに行ったところで、鈴木に会えるのかどうかもわからなかった。

おそらく、時期を見て、メーサイからバンコクに送られるのだろう。そこから日本に送還されることになる。

タイを出る前に鈴木に会うことはできない気がした。

それから二年ほどがたった。突然、チェンマイの知人から連絡が入った。

「鈴木がチェンマイにきているらしいんですよ。ターペー門のところで見たっていう人もいる」

「またホームレス?」

「さあ……」

タイはその犯罪の内容にもよるのかもしれないが、罪を犯した日本人でも、いったん日本に帰ると、比較的簡単にタイに入国することができる。鈴木の罪状は、万引きとオーバーステイだろう。軽犯罪の部類に入る。

第1話で紹介しているフクちゃんも、オーバーステイで捕まっている。日本に戻されたが、すぐにタイに舞い戻ってしまった。

翌日、チェンマイの知人から連絡が入った。彼を知るひとりが偶然出会い、いろいろ聞いたのだという。

「それがね、単なる旅行だっていうんです。宿も市内の中級ホテル。なんでも福島の原発の除染の仕事でかなり稼いだっていうんですよ。その仕事を少し休んで、タイ旅行にきているっていうんです」

「本当なの？」

「私もそう訊いたんだけど、どうも本当らしい。高いタイ国際航空でやってきたっていったらしい。どういう感性だろうね。ホームレスをやっていた街に、観光客でやってくるって。周りの人間は、ちょっと不快だっていってますよ。面倒をみてあげた人もいるからね。迷惑をかけたって、挨拶ぐらいあってもいいんじゃないかって」

鈴木の情報はそこでこと切れている。おそらく、なにごともなかったかのように、飛行機に乗って日本に帰っていったのだろう。そして再び、除染の仕事に就くのだろうか。

文庫版あとがき

ひとつの仮説を投げかけてみる。外こもりは、引きこもりから脱出する手段だった……と。もちろん、本人たちにその自覚はない。彼らはなんとか、自分の力で生きていく方法として、外こもりにたどり着いた。それから十年以上の歳月が流れたなかで、あの現象はなんだったのかと振り返ると、彼らは引きこもりになびいていく体を、外でこもることでかろうじて食い止めていたのではないかとも思えるのだ。

日本では切ない事件が相次いでいる。仕事に出ることも難しく、家にこもっている中年男性が引き起こす行動が社会のひだのように浮きあがってくる。

引きこもりと外こもりはなにが違ったのか。ぼんやりと考えてみる。それはある時期、自分の生き方を認められたかどうか……というところに収斂《しゅうれん》していくような気がしてならない。彼らが陥った状況は、日本の社会とそれを構成する家庭とのなかで生まれた。引きこもりといわれる人々は、そのなかで悩み続けてきた。そして引きこもりがはじまってからいままで、社会や家庭から、なにひとつ認められないと思い込み続けて生きてきた。

しかし外こもりは違った。日本でどう生きてきたかなどとは関係なく、タイの人々は彼らを受け入れた。いや、もっと正確にいえば、普通に扱ってくれた。それはタイ人が意図したことでもない。引きこもりや精神を病んでいくことへの危機感が薄く、社会問題にもならない環境のなかで、普通の日本人として外こもりの日本人と接した。それをタイ人の性格に結びつけていくのは、いささか強引のようにも思う。タイ人は引きこもりという現象に関心がなかっただけだ。

外こもりを選んだ日本人は、そのあたりを独特の臭覚でみつけていっただけのように思う。

日本社会や家庭というフィルターを通せば、外こもりの日本人は、ダメな人間といったくくり方をされる。日本の工場で、外国人と一緒に働いていた彼らは、それを親にもいえなかっただろう。ところがとびきり安い航空券を手に入れ、タイのバンコクの空港のイミグレーションを通過すると、突然、普通の日本人になることができた。モニターのなかでマリオが急に大きくなるように。

少なくともタイ人は、彼らを普通の日本人として扱ってくれた。認めてくれたのだ。外こもりの暮らしとは、社会や家庭から認められない自分と、認められる自分を行き来することである。

しかし日本で引きこもる人たちは、この認められるときがなかった。この違いではないかと思えてくる。

しかし外こもりの足許は危うい。ものすごく危うい。しかし彼らは、薄い氷を細心の注意を払って渡っていった。

最近、ときどき、バンコクのカオサンに足を向ける。いまは亡きジミー君やフクちゃんが巣くっていた一帯をわけもなく歩く。

本音をいえば、彼らとバンコクのカオサンですごした時間は楽しかった。本にまとめるという目的も忘れ、他愛もない話に笑った。

「あの安いそば屋、立ち退き話が出ているようですよ。最近、俺たちがよく行くでしょ。それを見ていた大家が、家賃をつりあげてきたみたい」

「じゃあさ、あの店に行くのは一日五人って決めない。当番制みたいにして、ノートに行くことができるメンバーを書き込むってのはどう」

「角のゲストハウスの奴らにも伝える？　彼らカンボジア帰りで固まってるでしょ。俺たちのいうこと、聞くかなぁ」

カオサンの路地裏を歩いていると、そんな会話が蘇ってくる。いまはもう、外こもりの匂いを発するような日本人はいない。タイの物価はあがり、日本で一気に稼ぐことも難しくなっている。

あの時代はなんだったのか。カオサンをいくら歩いても答えはでない。しかし少なくとも、外こもりのエッセンスを、日本の社会はとり込むことはできなかった。それが日本の社会や家庭の限界なのだろう。

本書は、『日本を降りる若者たち』(講談社現代新書)、『「生き場」を探す日本人』(平凡社新書)、『「生きづらい日本人」を捨てる』(光文社新書)のなかから抜粋し、再構成したものである。わかりにくい部分は加筆している。出版にあたり、光文社の三野知里さんのお世話になった。

二〇一九年六月

下川裕治

知恵の森
KOBUNSHA

新版《しんぱん》「生《い》きづらい日本人《にほんじん》」を捨《す》てる

著　者――下川裕治（しもかわ ゆうじ）

2019年　8月20日　初版1刷発行

発行者――田邉浩司
組　版――萩原印刷
印刷所――萩原印刷
製本所――ナショナル製本
発行所――株式会社 光文社
東京都文京区音羽1-16-6 〒112-8011
電　話――編集部(03)5395-8282
書籍販売部(03)5395-8116
業務部(03)5395-8125
メール――chie@kobunsha.com

ISBN978-4-334-78774-5　Printed in Japan

78729-5
tい14-1

岩瀬《いわせ》 幸代《さちよ》

ゆるり、南の島国へ
アユボワン！ スリランカ
文庫書下ろし

心と体を整えるアーユルヴェーダ、仏教遺跡、バワ建築と星占い、そして美しい海…。旅のコーディネートも手掛ける著者が、ガイドブックに載らない、スリランカの魅力を教える。

800円

78331-0
cう2-1

浦《うら》 一也《かずや》

測って描いたホテルの部屋たち
旅はゲストルーム

アメリカ、イタリア、イギリスから果てはブータンまで。設計者の目でとらえた世界のホテル六十九室。実測した平面図が新しい旅の一面を教えてくれる。

860円

78636-6
cう2-2

浦 一也

測って描いたホテル探検記
旅はゲストルームII
文庫オリジナル

セレブが集う憧れホテルから、海辺のリゾートまで。世界の客室に泊まり、実測図を描き続けてきた著者による、ユニークなホテル探検記の続編。新しい旅の楽しみも発見できる。

840円

78347-1
cこ10-3

小泉《こいずみ》 武夫《たけお》

「鋼の胃袋」世界を飛ぶ
地球怪食紀行

ストックホルムで地獄のカンヅメに仰天し、オーストラリアでマグロ焼いて火事騒ぎ、食の冒険家による、世界の食エッセイ。『地球を怪食する』改題。（解説・田尾和俊）

700円

78538-3
aこ2-3

高 信太郎

楽しく学んで13億人としゃべろう
まんが 中国語入門

中国語は漢字を使っているから、視覚から入れば覚えやすい。だから「まんが」で勉強しよう！ 初歩のあいさつから簡単な会話まで、笑って読むうちに自然に覚えられる！

648円

78608-3
tさ4-1

齋藤《さいとう》 利也《としや》
小原《おはら》美千代《みちよ》

幸福王国ブータンの智恵

「自分の幸せよりみんなの幸せ」というチベット仏教の教えをもとに、近代化を急がず、自然環境や伝統文化を守ってきたブータン。国民の97％が「幸福」と答える国の素顔に迫る。

629円

78736-3
tさ7-1

酒井《さかい》 充子《あつこ》

かつて日本人だった人たちを訪ねて
台湾人生

日本統治時代を生きた世代は「日本語世代」と呼ばれる。台湾に魅せられた映画監督が、歴史に翻弄された人々への取材を重ね、その悲しみと愛憎を丁寧に記録するノンフィクション。

740円

78641-0
tさ6-1

佐藤《さとう》 優《まさる》

佐藤優の沖縄評論

外交官時代、北方領土交渉に命がけで取り組んだ著者は、母の故郷でもあり、歴史の嵐に翻弄され続ける沖縄を政府の政治的差別から救うべく、沖縄人の結集を呼びかける。

680円

78699-1
tさ6-2

佐藤 優

世界インテリジェンス事件史

元外務省主任分析官が、CIA、KGBなどの諜報機関を解説し、スパイが暗躍した歴史的事件を分析。〝新・帝国主義時代〟の世界情勢を、インテリジェンスの視点から読み解く。

660円

78713-4
tし5-1

島田《しまだ》 裕巳《ひろみ》

日本仏教史 七つの謎を解く
空海と最澄はどっちが偉いのか?

宗教学者で作家の島田裕巳が、信仰という〝聖域〟の中で形作られた高僧たちの華麗なる姿を、史実を基に検証し、わかりやすく解説する。『島田裕巳の日本仏教史 裏のウラ』改題。

660円

78625-0
tし3-2

所澤《しょざわ》 秀樹《ひでき》

鉄道地図は謎だらけ

なぜか一駅間だけ途切れているJR四国の路線。駅名も乗り換えも面倒くさい近鉄線の不思議…。索引地図の謎をめぐって旅すれば、知らなかった鉄道の真実が見えてくる!

667円

78677-9
tし3-3

所澤 秀樹

青春18きっぷで愉しむ ぶらり鈍行の旅

1日でどこまで行ける? モトがとれる距離は? 乗り継ぎテクニックや旅のプランニングのコツまで、18きっぷの使いこなし術を、鉄道旅の名人が伝授。『鉄道を愉しむ鈍行の旅』改題。

680円

78706-6
tし3-4

所澤　秀樹

「相互直通運転」の知られざるカラクリに迫る！

鉄道会社はややこしい

いつも何気なく乗っている相互直通運転の路線。車両の貸し借りや精算方法、共同使用駅の管理など、〝相直〟にまつわる裏のカラクリを一挙公開。写真もふんだんに掲載！

720円

78592-5
tす3-1

鈴木《すずき》　隆祐《りゅうすけ》

知られざる名店を探せ！

東京B級グルメ放浪記

文庫書下ろし

気軽にお腹を満たすなら、地元に根付く昔ながらの食堂がいい。小鉢自慢の定食屋、さくさくフライの洋食屋、野菜たっぷり中華など、一食千円、約350店の東京・食べ歩き録。

800円

78681-6
tす3-2

鈴木　隆祐

『東京B級グルメ放浪記』2

愛《いと》しの街場中華

文庫書下ろし

町の中華料理屋こと「街場中華」に魅せられウン十年。フリーライターの著者が、孤独の胃袋を抱え、今日は半チャンラーメン、明日はレバニラと、東京の中華を西へ東へ食べ歩く。

800円

78646-5
bせ1-7

瀬戸内寂聴《せとうちじゃくちょう》

五十からでも遅くない

51歳で出家の道を選んだ著者が〝女と孤独〟〝五十代の恋〟などの女性の悩みに、自身の体験と仏教の教えを交え、答えていく。齢を重ねてなお美しい現代女性たちへの応援歌！

640円

78696-0
tせ1-1

千《せん》　玄室《げんしつ》

茶の楽しみ

茶道裏千家15代家元が、各国要人とのエピソード、茶道の魅力、心の在り方、日本文化について、わかりやすい口調でやさしく紐解く。『千玄室が語る　茶の楽しみ』改題。

660円

78123-1
cめ1-4

タカコ・半沢《はんざわ》・メロジー

はじめてでも、リピーターでも

イタリアのすっごく楽しい旅

文庫書下ろし

旅行ガイド本には書いてないことばかり起こる国イタリア。だから感動に遭遇できる。イタリア暮らし十六年の筆者が、もっと楽しく、さらに美味しくなるイタ旅をアドバイス。

476円

78645-8
tた2-2

谷川《たにがわ》一巳《ひとみ》

ローカル線ひとり旅

お得なパスの使いこなし術、バスやフェリーも活用する方法、通勤電車みたいなロングシート車両の避け方…。初心者でも、旅情溢れる汽車旅が楽しめる〝コツ〟を伝授する。

680円

78379-2
cた11-1

谷口《たにぐち》尚規《ひさのり》 著
石川《いしかわ》球太《きゅうた》 画

冒険手帳

火のおこし方から、イカダの組み方まで

◎小石や木の枝を使った通信法◎腕時計を使って方角を知るには◎砂漠で水を得る方法—刊行時、当時の少年たちの冒険心を刺激しまくった名著、待望の復刊！

780円

78702-8
tは4-2

長谷川《はせがわ》まり子《こ》

アジア「女子旅」の達人

プチ・ゴージャス気分の味わい方から、リスク回避術まで

文庫書下ろし

航空チケットやホテルの予約など、個人旅行を成功させるにはコツがある。アジアをディープに旅してきた著者が、お得でゴージャスな気分になれる「達人の旅行術」をすべて伝授。

720円

78689-2
tみ3-1

光瀬《みつせ》憲子《のりこ》

美味しい台湾 食べ歩きの達人

台北&郊外のグルメタウンから、高雄まで

文庫書下ろし

台湾に長年暮らした著者による、最新のグルメ案内。首都・台北を始め、隠れたグルメタウン板橋や三重も。ガイドブックには載っていない、ディープで旨い地元食堂が満載！

680円

78724-0
tよ3-1

吉田《よしだ》友和《ともかず》

沖縄プチ移住のススメ

暮らしてみた3カ月

文庫書下ろし

沖縄に魅せられ、妻と約3ヶ月の娘をつれてプチ移住を決行した「週末海外」の第一人者の著者が、「住んで分かった本当の沖縄の面白さって？」などを書いたエッセイ！

700円

78283-2
cよ1-1

アジア光俊《みつとし》 文
よねやまゆうこ 絵

うりひゃー！ 沖縄

行っちゃえ！ 知っちゃえ！ おまかせガイド

文庫書下ろし

うりひゃー（うわー）。ディープな沖縄はまるで東南アジアだ。バリ、バンコクに続く、カラーイラスト入りで「ここまで見てやろう旅」第三弾。

743円